El doctor BRIAN L. WEISS es psiquiatra y escritor de éxito. Se graduó en la Universidad de Columbia y se licenció en la Facultad de Medicina de Yale. Ha trabajado como director del Departamento de Psiquiatría del Centro Médico Mount Sinai, en Miami.

El doctor Weiss dispone de una consulta privada en Miami. Sus colaboradores son psicólogos y asistentes sociales que también utilizan la regresión y otras técnicas de psicoterapia espiritual en su trabajo. Además, dirige seminarios nacionales e internacionales, talleres experimentales y programas de formación para profesionales.

Es autor de diversos libros, entre ellos *Muchas vidas, muchos maestros, Lazos de amor, Los mensajes de los sabios, Sólo el amor es real, Meditación, Espejos del tiempo* y *Eliminar el estrés,* todos ellos publicados por Ediciones B.

www.brianweiss.com

Penguin
Random House
Grupo Editorial

Título original: *Through Time into Healing*

Primera edición: noviembre de 2018

© 1992, Brian L. Weiss. M. D.
© 2010, Penguin Random House Grupo Editorial, S. A. U.
Travessera de Gràcia, 47-49. 08021 Barcelona
© 2024, de la presente edición en castellano:
Penguin Random House Grupo Editorial USA, LLC.
8950 SW 74th Court, Suite 2010
Miami, FL 33156
Traducción: Edith Zilli

ISBN: 978-1-947783-48-5

Impreso en Colombia – *Printed in Colombia*

24 25 26 27 28   10 9 8 7 6 5 4 3

A través del tiempo

BRIAN WEISS

A Carole, Jordan y Amy,
mi familia.
Os amo profundamente y para siempre

Agradecimientos

Debo un profundo agradecimiento a Fred Hills, Barbara Gess y Bob Bender, todos ellos estupendos correctores de Simon & Schuster, cuya orientación, aliento y experiencia me ayudaron tanto con este libro.

También agradezco sinceramente a Deborah Bergman, mi correctora externa, que adaptó y mejoró con habilidad la estructura de mi primer borrador, escrito al correr de la pluma.

Mi sincera gratitud a Lois de la Haba, mi agente literaria, que ha llegado a ser también mi amiga.

Y, finalmente, estoy muy agradecido a todos mis pacientes, que me instruyen sin cesar sobre la vida y el amor.

Introducción

Durante los últimos veinte años, tan gradualmente que apenas nos hemos dado cuenta, en la sociedad occidental se ha producido una revolución en la conciencia. Existe ahora una generación de jóvenes que ha crecido leyendo y oyendo hablar con frecuencia de experiencias de regresos de la muerte, regresiones a vidas pasadas, viajes fuera del cuerpo, apariciones de personas muertas y muchos otros fenómenos notables de la vida espiritual. A menudo tengo el placer y el privilegio de dar conferencias a personas de edad universitaria y todavía me sorprende un poco oírlas hablar con tanta calma y naturalidad de sus propias visiones y de sus viajes a otros mundos.

En 1975, cuando comenzó el interés público por las experiencias de cuasi-muerte, algunos las desestimaron por considerarlas una moda pasajera. Diecisiete años después, estoy empezando a darme cuenta de que la experiencia de cuasi-muerte es un hecho admitido en nuestra cultura. Creo que estamos a punto de convertirnos (si no es así ya) en una de las muchas sociedades en que se acepta la capacidad visionaria de los seres humanos como algo normal. Cada vez son más las personas comunes que dejan de sentirse incómodas al hablar de sus visiones y al intercambiar información sobre diversas técnicas para inducirlas o facilitarlas.

Los estudios realizados por algunos investigadores, como

los doctores Brian Weiss, William Roll, Ken Ring, Bruce Greyson y Melvin Morse, así como un nutrido grupo de médicos y psicólogos de Estados Unidos, de Europa y de todo el mundo, están brindando resultados realmente asombrosos. Confío en que, en los próximos años, esta investigación avance hasta tal punto que se puedan facilitar, en individuos psicológicamente normales, esas experiencias profundas que podríamos denominar, cuando menos, «psíquicas» aunque bien merecerían el nombre de «espirituales». Por poner un ejemplo: durante el año pasado, trabajando con otros colegas, desarrollé una técnica que permite a adultos normales y psicológicamente estables, en estado de vigilia, experimentar apariciones de seres queridos que han muerto, vívidas, a pleno color, tridimensionales, de tamaño natural y en movimiento. Más aún: para gran sorpresa mía, estas personas (que hasta el momento han sido todos profesionales de temperamento decididamente sobrio) insisten en lo «real» de sus encuentros; de hecho, todos están convencidos de que han visto cara a cara a parientes y amigos fallecidos. Yo mismo he tenido una experiencia similar: me senté con mi abuela, que murió hace algunos años, y mantuvimos una conversación tan real como cualquier entrevista que pudiéramos haber tenido cuando estaba «viva». A decir verdad, una de las cosas más sorprendentes de ese hecho, con el que me uní a la legión de gente común y corriente de todo el mundo que ha tenido ese tipo de experiencias, consistió en que pareciera absolutamente normal y natural, y de ningún modo espectral ni inquietante.

Lo que ocurre, según creo, es que se nos están revelando colectivamente, en nuestro interior y entre nosotros, estados de conciencia alterados que nuestros remotos antepasados conocían bien, pero que en cierto momento del desarrollo de nuestra civilización suprimimos por considerarlas supersticiosas y hasta demoníacas. En mi opinión, es posible que esta evolución pueda ser de gran beneficio para la humanidad. Václac Havel, escritor y presidente de Chequia, pronunció ante el Congreso de Estados Unidos un emocionante discurso, en el que declaró su firme creencia de que sólo a través de una revolución mundial en la conciencia humana se podría alejar al mundo de la aniquilación hacia la que se encamina. El mismo Gorbachov ha apoyado esta opinión al decir que es necesaria una renovación espiritual para salvar a su turbulento país.

Las regresiones a vidas pasadas que el doctor Brian Weiss nos presenta en este libro constituyen un ejemplo de los extraordinarios fenómenos de la conciencia humana, que, en la actualidad, gozan de una creciente aceptación. Nadie tiene por qué sentirse incómodo o avergonzado de haber pasado por experiencias semejantes. Uno de los grandes historiadores de la Edad Moderna, sir Arnold Toynbee, dice que la inspiración para escribir su monumental obra histórica la obtuvo de experiencias personales que, aunque espontáneas, fueron obviamente muy similares a las que describe Brian Weiss.

Según cuentan las personas que han regresado de la muerte, en los momentos aparentemente finales de su vida terrenal descubrieron que lo más importante que podemos hacer mientras estamos aquí es aprender a amar. Ahora parece que es el único modo de cambiar completamente el mundo; es muy posible que descubramos que desarrollar técnicas para alterar la conciencia es la mejor manera de lograr ese fin.

Brian Weiss es un auténtico pionero en dar a conocer a un público más amplio técnicas seguras para alterar la conciencia, que puedan traducirse en un mayor autoconocimiento y una mejor comprensión entre todos. Sobre todo en esta época de la electrónica, es posible que podamos efectuar una renovación espiritual, en la que gente del mundo entero se una en el amor y la paz, mediante la propagación de técnicas como las que ha desarrollado, entre otros, el doctor Weiss.

Raymond A. Moody, Jr.,
doctor en medicina y psicología,
11 de mayo de 1992

1

El comienzo

Para quienes no han leído mi libro *Muchas vidas, muchos maestros*, son necesarias algunas palabras de introducción. Es preciso que sepáis algo sobre mí antes de que iniciemos el proceso curativo.

Hasta mis increíbles experiencias con Catherine, la paciente cuya terapia se describe en el libro, mi vida profesional había sido unidireccional y altamente académica. Me gradué *cum laude* en la Universidad de Columbia y recibí mi licenciatura de médico en la Academia de Medicina de Yale, en la que también fui jefe de residentes en psiquiatría. He sido profesor de varias universidades de prestigio y he publicado más de cuarenta trabajos científicos sobre psicofarmacología, química del cerebro, trastornos del sueño, depresión, estados de ansiedad, abuso de drogas y sobre el mal de Alzheimer. Mi única contribución previa a la publicación de libros había sido *The Biology of Cholinergic Function*, que distó mucho de resultar un éxito de librería, aunque su lectura ayudó a conciliar el sueño a algunos de mis pacientes insomnes. Yo utilizaba la mitad izquierda del cerebro, era obsesivo-compulsivo y completamente escéptico en cuanto a campos «no científicos» como el de la parapsicología; no sabía absolutamente nada sobre el concepto de vidas anteriores o reencarnación, ni quería saberlo.

Catherine era una paciente que me destinaron cuando yo llevaba aproximadamente un año trabajando como presidente del departamento de psiquiatría en el Centro Médico Mount Sinai, de Miami, Florida. Era una mujer católica de unos veintiocho años, proveniente de Nueva Inglaterra; se sentía muy a gusto con su religión y no cuestionaba ese aspecto de su vida. Padecía de temores, fobias, ataques de pánico paralizantes, depresión y pesadillas. Había tenido esos síntomas durante toda su vida y ahora estaban empeorando.

Tras más de un año de psicoterapia convencional, continuaba seriamente afectada. Yo consideraba que, transcurrido ese período, debería haber mejorado más. Era técnica de laboratorio de un hospital; tenía la inteligencia y la penetración psicológica necesarias para beneficiarse con la terapia. En su constitución básica, nada hacía pensar que su caso fuera difícil. Por el contrario: su historial auguraba un buen pronóstico. Como Catherine tenía un miedo crónico a la asfixia y la sofocación, rechazaba todos los medicamentos y no me era posible utilizar antidepresivos o tranquilizantes, drogas que había aprendido a usar para síntomas como los suyos. Su negativa resultó una bendición, aunque por entonces no lo comprendí.

Finalmente Catherine consintió en probar la hipnosis, una forma de fijar su concentración para que recordara la infancia e intentar así descubrir los traumas reprimidos u olvidados que, según yo creía, debían de estar provocando sus actuales síntomas.

Catherine pudo entrar en un profundo trance hipnótico y comenzó a recordar hechos que no había podido rememorar conscientemente. Recordó que la habían lanzado desde un trampolín y que se había asfixiado en el agua. También recordó que la atemorizaba la mascarilla de gas que el dentista le ponía en la cara; peor aún: recordó que su padre alcohólico la había sobado a los tres años, poniéndole la manaza contra la boca para mantenerla callada. Tuve la certeza de que ya teníamos las respuestas. También estaba seguro de que ahora mejoraría.

Pero sus síntomas siguieron siendo graves. Eso me sorprendió mucho, porque esperaba una respuesta mejor. Mientras consideraba por qué habíamos llegado a este punto muerto, llegué a la conclusión de que aún debía de haber más traumas sepultados en su subconsciente. Si el padre la había sobado a los tres años, tal vez lo había hecho también a una edad más temprana. Lo intentaríamos de nuevo.

A la semana siguiente volví a hipnotizar a Catherine y la llevé a un plano más profundo. Pero esa vez, por equivocación, le di una indicación sin límites fijos, sin directrices:

—Vuelva al momento en que se originan sus síntomas —sugerí.

Esperaba que Catherine volviera una vez más a su primera infancia.

En cambio retrocedió unos cuatro mil años, a una antigua vida en el Próximo Oriente, en la cual había tenido otra cara y otro cuerpo, diferente pelo, diferente nombre. Recordó detalles de la topografía, ropas y artículos cotidianos de esa época. Rememoró hechos de esa vida hasta que, por fin, se ahogó en una inundación o en un maremoto, mientras la fuerza del agua le arrancaba a su bebé de los brazos. Al morir, Catherine flotó por encima de su cuerpo, imitando las experiencias de cuasi-muerte estudiadas por los doctores Elisabeth Kübler-Ross, Raymond Moody, Kenneth Ring y otros, obra que más adelante analizaremos con detalle. Sin embargo, ella nunca había oído hablar de esas personas ni de sus trabajos.

Durante esa sesión de hipnosis, Catherine recordó otras dos vidas. En una era una prostituta española del siglo XVIII; en otra, una griega que había vivido algunos siglos después que la del Próximo Oriente.

Yo me sentía impresionado y escéptico. En el curso de los años había hipnotizado a cientos de pacientes sin que eso me ocurriera nunca. En más de un año de psicoterapia intensa había llegado a conocer bien a Catherine. Sabía que ella no era psicópata, no sufría de alucinaciones, no tenía personalidades múltiples, no era muy sugestionable ni abusaba de las drogas o el alcohol. Llegué a la conclusión de que sus «recuerdos» debían de consistir en ensueños o fantasías.

Pero ocurrió algo muy insólito: los síntomas de Catherine empezaron a mejorar de manera espectacular; yo sabía que un material de fantasía o ensueños no podía llevar a una curación clínica tan completa y veloz. Semana a semana desaparecían los síntomas de la paciente, hasta entonces intratables, según ella iba recordando más vidas pasadas. En pocos meses estaba totalmente curada sin empleo de medicamento alguno.

Mi considerable escepticismo se erosionaba gradualmente. En la cuarta o quinta sesión de hipnosis ocurrió algo incluso más extraño. Después de revivir una muerte en una vida anterior, Catherine flotó por encima de su cuerpo y fue atraída por la familiar luz espiritual que siempre encontraba en el estado entre dos vidas.

—Me dicen que hay muchos dioses, pues Dios está en cada uno de nosotros —me dijo con voz ronca.

Luego cambió por completo el resto de mi vida:

—Tu padre está aquí, y también tu hijo, que es muy pequeño. Dice tu padre que lo reconocerás, porque se llama Avrom y has dado su nombre a tu hija. Además, su muerte se debió al corazón. El corazón de tu hijo también era importante, pues estaba hacia atrás, como el de un pollo. Por amor hizo un sacrificio por ti. Su alma es muy superior. Su muerte satisfizo las deudas de sus padres. También quería demostrarte que la medicina sólo podía llegar hasta cierto punto, que su alcance era muy limitado.

Catherine dejó de hablar. Yo permanecí en sobrecogido silencio, en tanto mi mente estupefacta trataba de ordenar las cosas. En el cuarto reinaba un frío gélido.

Catherine sabía muy poco de mi vida personal. En mi escritorio había una fotografía de mi hija, que sonreía alegremente mostrando sus dos únicos dientes del leche. Al lado, un retrato de mi hijo. Aparte de eso, Catherine lo ignoraba prácticamente todo con respecto a mi familia y mi historia personal. Yo estaba bien instruido en las técnicas psicoterapéuticas profesionales. Se supone que el terapeuta debe ser una tabla rasa, en blanco, en la cual el paciente pueda proyectar sus propios sentimientos, sus ideas y sus actitudes para que el terapeuta pueda analizar ese material, ampliando el campo mental del paciente. Yo había mantenido esa distancia terapéutica con respecto a Catherine: ella sólo me conocía en mi condición de psiquiatra, y por tanto ignoraba mi pasado y mi vida privada. Ni siquiera había colgado mis diplomas en el consultorio.

La mayor tragedia de mi vida había sido la inesperada muerte de nuestro primogénito, Adam, que falleció a principios de 1971, a los veintitrés días de edad. Unos diez días después de que lo trajéramos a casa desde el hospital, comenzó a presentar problemas respiratorios y vómitos en bayoneta. El diagnóstico resultó sumamente difícil. «Total anomalía del drenaje venoso pulmonar, con defecto del septum atrial», se nos dijo. «Se presenta una vez de cada diez millones de nacimientos, aproximadamente.» Las venas pulmonares, que deben llevar la sangre oxigenada de regreso al corazón, estaban incorrectamente dispuestas y entraban en el corazón por el lado opuesto. Era como si el corazón estuviera vuelto... hacia atrás. Algo muy, pero muy raro.

Una desesperada intervención a corazón abierto no pudo salvar a Adam, quien murió algunos días después. Lo lloramos por muchos meses; la muerte de Adam había acabado con nuestras esperanzas y nuestros sueños. Un año después nació Jordan, nuestro hijo, agradecido bálsamo para nuestras heridas.

En la época del fallecimiento de Adam, yo había estado vacilando con respecto a mi temprana elección de la carrera psiquiátrica. Disfrutaba de mi internado en medicina interna y me habían ofrecido un puesto como médico. Tras la muerte de Adam tomé la firme decisión de hacer de la psiquiatría mi profesión. Me irritaba que la medicina moderna, con todos sus avances y su tecnología, no hubiera podido salvar a mi hijo, ese inocente y pequeño bebé.

En cuanto a mi padre, había gozado de excelente salud hasta sufrir un fuerte ataque cardíaco en 1979, a la edad de sesenta y un años. Sobrevivió al ataque inicial, pero la pared cardíaca quedó irreparablemente dañada; falleció tres días después. Eso ocurrió unos nueve meses antes de que Catherine se presentara a la primera sesión.

Mi padre había sido un hombre religioso, más ritualista que espiritual. Avrom, su nombre hebreo, le sentaba mejor que Alvin, el inglés. Cuatro meses después de su muerte nació Amy, nuestra hija, a la que dimos su nombre.

Y ahora, en 1982, en mi ensordecedor consultorio a media luz, un torrente de verdades ocultas, secretas, se precipitaba sobre mí. Nadaba en un mar espiritual y me encantaba esa agua. Se me puso la piel de gallina en los brazos. Catherine no podía conocer esa información de ninguna manera. Ni siquiera tenía forma de averiguarla. El nombre hebreo de mi padre, el hecho de que un hijo mío hubiera muerto en la primera infancia con un defecto cardíaco que sólo se presenta una vez en diez millones, mis dudas sobre la medicina, la muerte de mi padre y la elección del nombre de mi hija: era demasiado específico y excesivamente cierto. Esa técnica de laboratorio tan sencilla había sido un conducto de conocimientos trascendentes. Y si ella podía revelar esas verdades, ¿qué más había allí? Necesitaba saber más.

—¿Quién —balbucí—, ¿quién está ahí? ¿Quién te dice esas cosas?

—Los Maestros —susurró ella—, me lo dicen los Espíritus Maestros. Me han dicho que he vivido ochenta y seis veces en el estado físico.*

Yo sabía que Catherine ignoraba esos datos y que no tenía forma de conocerlos. Mi padre murió en Nueva Jersey y fue enterrado en el Estado de Nueva York. Ni siquiera se publicó una necrología. Adam había muerto diez años antes en la ciudad de Nueva York, a mil novecientos kilómetros de distancia. Entre mis amigos íntimos de Florida, muy pocos sabían de él; menos aún eran los que conocían las circunstancias de su muerte. En el hospital, por supuesto, todos lo ignoraban. Catherine no tenía modo de saber nada acerca de esta historia familiar. Sin embargo había dicho «Avrom», en vez de utilizar la traducción inglesa Alvin. Pasada la impresión, volví a comportarme como un psiquiatra obsesivo-compulsivo de preparación científica. Encontré algunos trabajos excelentes, como la investigación del doctor Ian Stevenson sobre niños pequeños que han demostrado tener recuerdos de tipo reencarnacional, investigación que analizaremos brevemente en este libro. También hallé algunos estudios de médicos que habían empleado la regresión a vidas pasadas, es decir, que habían utilizado la hipnosis y otras técnicas relacionadas, que permiten que el subconsciente retroceda en el tiempo para recuperar recuerdos de vidas anteriores. Ahora sé que muchos otros médicos temen hacer públicos sus estudios por miedo a las reacciones, preocupados por su carrera y reputación.

Catherine, cuya historia se describe en todo detalle en *Muchas vidas, muchos maestros*, recorrió una docena de vidas y quedó curada. Sigue llevando una vida más feliz y go-

* *Muchas vidas, muchos maestros*, págs. 58-61.

zosa, libre de los síntomas paralizantes y de su omnipresente miedo a la muerte. Sabe que una parte de ella, la que contiene su memoria y su personalidad, pero también una perspectiva mucho más amplia que su conciencia, sobrevivirá a la muerte física.

Tras la experiencia con Catherine, mi perspectiva de la psicoterapia comenzó a cambiar radicalmente. Me di cuenta de que la terapia de vidas pasadas era un método rápido de tratar síntomas psiquiátricos que antes requerían muchos meses o años de costosa terapia para mitigarse. Era una forma mucho más directa de tratar el dolor y el miedo. Comencé a utilizar esta terapia en otros pacientes y, una vez más, obtuve excelentes resultados. Hasta la fecha, he regresado a cientos de pacientes a vidas pasadas, durante sesiones de terapia individual, y a muchos más en talleres donde se trabajaba en grupos.

¿Quiénes son mis pacientes? Médicos, abogados, ejecutivos de empresa, otros terapeutas, amas de casa, obreros, vendedores, etcétera. Son personas con distinta religión, nivel socioeconómico, educación y sistema de creencias. Sin embargo, muchos de ellos han podido recordar detalles de otras vidas y muchos han sido capaces de recordar la supervivencia después de la muerte física.

La mayoría de mis pacientes experimentó regresiones a vidas pasadas mediante la hipnosis. Sin embargo, otros recordaron vidas anteriores por medio de la meditación o espontáneamente al experimentar intensas sensaciones de *déjà vu*, por medio de sueños vívidos o de otras maneras.

Muchos consiguieron desembarazarse de síntomas crónicos que habían sufrido durante toda la vida, como fobias específicas, ataques de pánico, pesadillas recurrentes, miedos sin explicación, obesidad, relaciones destructivas repetidas, dolores y enfermedades físicas, etcétera.

No se trata de un efecto de placebo. En general, estas personas no son sugestionables ni crédulas. Recuerdan nombres, fechas, aspectos de la geografía, detalles. Y después de recordar, se curan, como Catherine. Tal vez más importante que la curación de síntomas físicos y emocionales específicos sea el conocimiento de que no morimos cuando lo hace nuestro cuerpo. Somos inmortales. Sobrevivimos a la muerte física.

El presente libro describe lo que he aprendido sobre el potencial curativo de la regresión a vidas pasadas desde que terminé *Muchas vidas, muchos maestros*. Todos los casos relatados son absolutamente ciertos. Sólo se han modificado los nombres y la información que podía permitir la identificación de los pacientes.

2

Hipnosis y regresión

La hipnosis es la técnica que utilizo principalmente para ayudar a los pacientes en el acceso a recuerdos de vidas pasadas. Mucha gente se pregunta qué es la hipnosis y qué ocurre cuando una persona se encuentra en estado hipnótico, pero en realidad no hay ningún misterio. La hipnosis es un estado en el que se fija la concentración, algo que muchos de nosotros experimentamos todos los días.

Cuando estamos relajados y nuestra concentración es tan intensa que no nos distraen los ruidos exteriores ni otros estímulos, nos encontramos en estado de hipnosis ligera. Toda hipnosis es, en realidad, autohipnosis, por cuanto el paciente domina el proceso. El terapeuta es sólo un guía. Casi todos entramos en estados hipnóticos todos los días: cuando estamos absortos en un buen libro o una película, cuando conducimos el coche en el último tramo del regreso a casa y de repente llegamos sin saber cómo, hemos estado funcionando con el «piloto automático».

Uno de los objetivos de la hipnosis, así como de la meditación, es tener acceso al subconsciente. Es decir a la parte de nuestra mente que yace bajo la conciencia común, por debajo del constante bombardeo de pensamientos, sensaciones, estímulos exteriores y todo aquello que absorba nuestra atención. La mente subconsciente funciona en un plano más profundo que el plano de conciencia habitual. En el subconsciente los procesos mentales se producen sin que los percibamos de modo consciente. Cuando estos procesos subconscientes pasan súbitamente a nuestra conciencia, tenemos instantes de intuición, sabiduría y creatividad.

El subconsciente no está limitado por las impuestas fronteras de la lógica, el espacio y el tiempo. Puede recordarlo todo, cada instante. Puede transmitir soluciones creativas a nuestros problemas. Puede trascender lo ordinario para alcanzar una sabiduría muy superior a nuestra capacidad cotidiana. La hipnosis consigue que se tenga acceso a la sabiduría del subconsciente de un modo concentrado a fin de lograr la curación. Estamos bajo hipnosis cada vez que la relación normal entre el consciente y el subconsciente se reconfigura de tal modo que el subconsciente desempeña un papel más dominante. Existe un amplio espectro de técnicas hipnóticas. Han sido ideadas para aprovechar un amplio abanico de estados hipnóticos, desde el ligero hasta los planos profundos.

En cierto modo, la hipnosis es un continuo en el que captamos la mente consciente y la subconsciente en mayor o menor grado. He descubierto que muchas personas pueden ser hipnotizadas en un punto adecuado de la terapia si se les informa sobre la hipnosis y se discuten y disipan sus miedos. La mayoría tiene un concepto equivocado de la hipnosis a causa de la manera en que la han tratado en la televisión, las películas y los espectáculos teatrales.

Estar hipnotizado no es estar dormido. La mente consciente siempre sabe lo que uno experimenta mientras está hipnotizado. Pese al profundo contacto subconsciente, la mente puede comentar, criticar y censurar. Siempre tenemos control sobre lo que decimos. La hipnosis no es un «suero de la verdad». No se entra en una máquina del tiempo para encontrarse súbitamente transportado a otro tiempo y otro lugar, sin noción del presente. Algunas personas, durante la hipnosis, contemplan el pasado como si estuvieran mirando una película. Otras participan más vívidamente, con reacciones más emotivas. Los hay que «sienten» las cosas, más que «verlas». A veces, predominan los sentidos del oído y el olfato. Después la persona recuerda todo lo experimentado durante la sesión de hipnosis.

Puede parecer que se requiere mucha habilidad para llegar a los niveles más profundos de hipnosis. Sin embargo, todos los experimentamos con facilidad cotidianamente, cuando pasamos por ese estado intermedio entre la vigilia y el sueño, conocido como «estado hipnagógico». Un ejemplo de estado hipnagógico lo experimentamos cuando empezamos a despertar y aún recordamos vívidamente nuestros sueños, sin estar todavía despiertos por completo. Es el período anterior al momento en que los recuerdos y las preocupaciones cotidianas penetran en nuestra mente. Como la hipnosis, el estado hipnagógico es profundamente creativo. En ese estado, la mente está completamente volcada hacia el interior y puede tener acceso a la inspiración del subconsciente. Muchos consideran que el estado hipnagógico es un estado «de genialidad», sin límites ni fronteras. Cuando estamos en él podemos utilizar todos nuestros recursos, sin ninguna de las restricciones que nos autoimponemos.

Thomas Edison valoraba tanto el estado hipnagógico que desarrolló una técnica propia para mantenerlo mientras trabajaba en sus inventos. Sentado en determinada silla, Edison utilizaba técnicas de relajación y meditación para alcanzar el estado de conciencia que está entre el sueño y la vigilia. Sostenía algunos cojinetes en la mano cerrada, con la palma hacia abajo y apoyada en el brazo del sillón. Debajo de la mano había un cuenco metálico. Si Edison se dormía, se le abría la mano y las bolitas caían dentro del cuenco metálico y el ruido lo despertaba. Repetía el procedimiento una y otra vez.

Este estado hipnagógico se parece mucho a la hipnosis y, en realidad, es más profundo que algunos niveles hipnóticos.

Ayudando al paciente a alcanzar un plano más profundo de su mente, el terapeuta diestro en técnicas de hipnosis puede acelerar drásticamente el proceso de curación. Y cuando las ideas y las soluciones creativas van más allá de los problemas personales, pueden resultar beneficiados grandes sectores de la sociedad, así como todos nos hemos beneficiado del invento de Thomas Edison: la lamparilla eléctrica. El proceso puede conmover al mundo.

Escuchar una voz que actúe como guía ayuda a fijar la concentración y a que el paciente alcance un nivel de hipnosis y relajación más profundo. La hipnosis no ofrece peligro. Ninguna de las personas a las que he hipnotizado ha quedado *enganchada* al estado hipnótico. Se puede salir de él cuando se desee. Nadie ha violado nunca sus principios morales y éticos. Nadie ha actuado involuntariamente como una gallina o un pato. Nadie puede dominarte. Mantienes un absoluto control.

Durante la hipnosis, tu mente está siempre despierta y observando. Es por eso que, al estar profundamente hipnotizados e inmersos activamente en una secuencia de recuerdos infantiles o de una vida anterior, podemos responder a las preguntas del terapeuta, hablar en el idioma que utilizamos habitualmente, conocer los sitios geográficos que vemos e incluso saber en qué año nos encontramos, ya que suele aparecer ante la vista interior o presentarse en la mente sin más. La mente hipnotizada, que siempre retiene una noción y un conocimiento del presente, pone en contexto los recuerdos de infancia o de vidas pasadas. Si aparece el año 1900 y nos vemos construyendo una pirámide en el antiguo Egipto, sabemos que es el año 1900 a. de C., aunque no veamos esas letras.

Por la misma razón un paciente hipnotizado que se vea como un campesino que combate en una guerra de la Europa medieval, por ejemplo, puede reconocer en algunas personas de esa vida pasada a las que conoce en su vida actual.

Por eso puede hablar inglés moderno, comparar las toscas armas de esa época con las que pueda haber visto o usado en su vida actual, dar fechas, etcétera.

Su mente actual está despierta, observando y haciendo comentarios. Siempre puede comparar los detalles y los hechos con los de su vida actual. Es el observador de la película, su crítico y, habitualmente, también la estrella. Y mientras tanto, permanece en relajado estado hipnótico.

La hipnosis coloca al paciente en un estado de gran potencial curativo ya que le brinda acceso al subconsciente. Para hablar metafóricamente, pone al paciente en un bosque mágico donde se encuentra el árbol de la curación. Pero si la hipnosis lo deja entrar en ese territorio curativo, el proceso de regresión es el árbol cuyas frutas sagradas debe comer para curarse.

La terapia de regresión es el acto mental de retroceder a una época anterior, cualquiera que sea, a fin de recobrar recuerdos que puedan estar influyendo negativamente en la vida actual del paciente y que, tal vez, son la fuente de sus síntomas. La hipnosis permite a la mente evitar las barreras de la conciencia para tratar de obtener información, incluyendo esas barreras que impiden a los pacientes el acceso consciente a sus vidas pasadas.

Compulsión a la repetición es el nombre que usó Freud para describir el impulso, con frecuencia irresistible, de redramatizar o repetir experiencias emocionales, típicamente dolorosas, que nos sucedieron en el pasado. En sus *Escritos sobre el psicoanálisis* (1938), el famoso psicoanalista británico Ernest Jones define la compulsión repetitiva como «el impulso ciego de repetir experiencias y situaciones anteriores, independientemente de las ventajas que se pudiera obtener haciéndolo desde el punto de vista del placer-dolor». Por muy perjudicial y destructiva que sea una conducta, la persona parece forzada a repetirla. La voluntad es incapaz de dominar la compulsión.

Freud descubrió que es efectivo traer a la conciencia el trauma inicial, liberarlo catárticamente (proceso que los terapeutas llamamos abreacción) e integrar lo que se ha sentido y aprendido. La terapia de regresión hipnótica, realizada por un terapeuta hábil, comienza por poner al paciente en estado hipnótico y luego darle las herramientas necesarias para sacar a la luz un episodio de ese tipo. Frecuentemente el episodio se produjo durante la infancia. Esto forma parte de la teoría psicoanalítica común.

Pero en otras oportunidades, tal como descubrí durante el tratamiento de Catherine, el trauma inicial se encuentra mucho más lejos, en vidas pasadas. He descubierto que un cuarenta por ciento de mis pacientes necesitan ahondar en otras vidas para resolver sus problemas clínicos actuales. Para casi todos los demás es bastante fructífera la regresión a un período anterior de esta vida.

Sin embargo, para ese primer cuarenta por ciento, la clave de la curación es la regresión a vidas anteriores. Operando entre los límites clásicamente aceptados de la vida actual, el mejor de los terapeutas no logrará la curación completa de un paciente cuyos síntomas hayan sido causados por un trauma ocurrido en una vida anterior, tal vez siglos o milenios antes. Pero cuando se emplea la terapia de vidas pasadas para traer a la conciencia esos recuerdos, largamente reprimidos, la mejoría de los síntomas suele ser veloz y drástica.

Un ejemplo del síndrome de compulsión repetitiva es el modelo de exhibicionismo sexual compulsivo. Sé de un joven que se ve compulsivamente dominado por una forma de exhibicionismo, específicamente: exponer sus genitales ante ciertas mujeres mientras se masturba en un automóvil. Obviamente, esa conducta es peligrosa y destructiva. Este joven escandaliza a las mujeres y ha sido arrestado varias veces; sin embargo, su compulsión repetitiva continúa reiterándose.

Su terapeuta ha rastreado los orígenes de su conducta hasta ciertos incidentes sexuales que se produjeron entre ese joven y su madre cuando era pequeño. La madre solía acariciar a su hijo mientras lo bañaba y él experimentaba erecciones. En ese niño se provocaron sensaciones confusas, excitantes y perturbadoras. Eran sensaciones sumamente intensas; parte de la compulsión del joven parecía ser un deseo de recrear la intensidad de aquellas antiguas emociones.

Pese al éxito que obtuvo este excelente terapeuta en descubrir un trauma temprano, la terapia ha dado sólo resultados parciales y el paciente sufre frecuentes recaídas. Aunque esa conducta le causa profundos sentimientos de culpa y vergüenza, además de exponerlo a otros peligros, experimenta arrolladores impulsos de repetirla.

Basándome en mi experiencia con más de trescientas regresiones individuales a vidas pasadas, existe una buena posibilidad de que el fracaso parcial de esta terapia se deba a que el trauma original se haya producido en vidas anteriores. Tal vez la manifestación más reciente, la experimentada en su vida actual, sea sólo la última en una serie de traumas similares. El modelo recurrente ya ha quedado establecido. Es preciso traer a la conciencia todos los traumas y no sólo los más recientes. Entonces se puede producir la curación completa.

Muchos de mis pacientes han recordado bajo los efectos de la hipnosis diferentes modelos traumáticos que se repiten de modos diversos, vida tras vida. Entre esos modelos se encuentra el abuso entre padre e hija, recurrente a lo largo de los siglos, y que emerge una vez más en la vida actual. También incluyen el esposo con una conducta de abuso en una vida anterior que ha reaparecido en la actualidad como un padre violento. El alcoholismo es un estado que ha arruinado varias vidas, y una pareja que reñía constantemente descubrió que habían tenido una conexión homicida en cuatro vidas anteriores.

Muchos de estos pacientes se habían sometido a terapia convencional antes de recurrir a mí, pero la terapia no era eficaz o sólo conseguía un éxito parcial. Para estos pacientes era necesaria una terapia de regresión a vidas pasadas que erradicara por completo los síntomas y pusiera fin, definitivamente, a estos ciclos recurrentes de conducta nociva e inadaptada.

El concepto de compulsión a la repetición parece válido. Sin embargo, se debería ampliar el campo del pasado para que incluyera también las vidas anteriores en caso de que resultara infructuoso para descubrir información sobre la vida presente. Estoy seguro de que el joven que se ve impelido a masturbarse mientras conduce necesita investigar sus vidas anteriores para identificar sus traumas y hacerlos aflorar en su conciencia actual. Mientras la base patológica esté todavía presente pero permanezca oculta, los síntomas volverán inevitablemente a repetirse. Sólo cuando emerjan podrán ser realmente curados.

He descubierto que la hipnosis, combinada con la terapia de regresión, sondea el inconsciente más profundamente que las técnicas psicoanalíticas, como la asociación libre, por ejemplo, en la que el paciente permanece en un estado relajado pero consciente, simplemente cerrando los ojos. Al estimular los estratos más profundos de las asociaciones mentales utilizando áreas de almacenamiento de memoria inasequibles para la mente consciente, la terapia de regresión bajo hipnosis ofrece a muchos pacientes resultados más profundos y muchísimo más rápidos.

El material obtenido por medio de la terapia de vidas anteriores es en algunos aspectos como los convincentes arquetipos universales descritos por Jung. Sin embargo, el material de la terapia de regresión a vidas pasadas no es arquetípico ni simbólico sino que contiene fragmentos de la memoria actual procedentes del continuo flujo de la experiencia humana desde los tiempos antiguos hasta el presente. La terapia de regresión a vidas pasadas combina la catarsis específica y de curación, es decir lo mejor de la terapia freudiana, con la participación en la curación y el reconocimiento del profundo significado simbólico, que son las aportaciones de Jung.

Pero la terapia de regresión va mucho más allá que la técnica hipnótica. Antes de que pueda iniciarse un proceso hipnótico, un experimentado terapeuta en regresiones invertirá mucho tiempo en elaborar un historial, preguntando, recibiendo respuestas, e investigando específica y detalladamente determinadas áreas importantes. Esto aumenta la proporción de éxito de la regresión de aproximadamente el cincuenta por ciento al setenta por ciento. Y cuando se acaba la regresión, cuando el paciente ya ha salido del estado hipnótico, es necesario integrar en la situación de la vida actual los sentimientos, las percepciones y la información que se han obtenido en la sesión. Esta integración requiere una capacidad terapéutica y una experiencia considerables porque el material evocado suele tener una poderosa carga emocional. Por lo tanto, no recomiendo ninguna terapia de vidas pasadas llevada a cabo por un terapeuta que no esté respaldado por una institución tradicional, que no tenga un diploma de médico, psicólogo, asistente social u otros estudios acreditados. Los terapeutas de vidas pasadas sin una buena formación pueden carecer de la habilidad necesaria para dejar que un recuerdo se desarrolle a su propio ritmo y para ayudar al paciente a integrar el material.

Empero, experimentar una regresión a vidas pasadas solo y en casa es, en la mayor parte de los casos, benéfico y relajante. El subconsciente es sabio y no proporcionará a la conciencia un recuerdo que ésta no sea capaz de asimilar. Existe un leve riesgo de que se presenten síntomas adversos, como la ansiedad o la culpa. Pero se pueden aliviar, en caso necesario, con una visita a un terapeuta preparado. Si un individuo experimenta la menor reacción adversa mientras está operando a solas, interrumpirá la experiencia, protegido por el subconsciente; en cambio, el terapeuta no preparado podría tratar de imponerse al subconsciente y obligar a ese individuo a proseguir antes de que esté listo para hacerlo.

Como desarrollo una actividad psiquiátrica febril, mi prioridad es curar a los pacientes antes que comprobar la validez de sus recuerdos de vidas anteriores, aunque esa comprobación también es de suma importancia. He descubierto que los pacientes evocan y describen los recuerdos de vidas pasadas según dos modelos: el primero es el que llamo «patrón clásico».

Según este patrón, el paciente entra en una vida y puede ofrecer detalles muy completos sobre esa existencia y sus acontecimientos. Casi como en un relato, va transcurriendo gran parte de esa vida; con frecuencia se parte del nacimiento o de la niñez y no se termina hasta la muerte. Es posible que el paciente experimente, serenamente y sin dolor, la escena de la muerte y una revisión de su vida, en la cual se aclaran y analizan las lecciones de esa existencia con lo cual el paciente se beneficia de una mayor sabiduría y, posiblemente, con la guía de figuras religiosas o espirituales. Catherine recordó muchas de sus vidas según el modelo clásico de regresión. He aquí el extracto de una de ellas, aparentemente en Egipto, en la cual Catherine comenzó recordando una peste que se había originado en el agua y que había matado a su padre y a su hermano. Ella había trabajado con los sacerdotes que preparaban los cuerpos para la sepultura. Al iniciarse los recuerdos, así como en el extracto que reproducimos, Catherine tenía dieciséis años.

—Se ponía a la gente en cuevas. Los cadáveres se encerraban en cuevas. Pero antes, los cuerpos debían ser preparados por los sacerdotes. Debían ser envueltos y untados con ungüento. Se los mantenía apartados en cuevas, pero el país está inundado... Dicen que el agua es mala. No bebáis agua.

—¿Hay algún tratamiento? ¿Algo dio resultado?

—Nos dieron hierbas, distintos tipos de hierbas. Los olores... Las hierbas y... percibo el olor. ¡Lo huelo!

—¿Reconoces el olor?

—Es blanco. Lo cuelgan del techo.

—¿Es como ajo?

—Está colgado por todas partes... las propiedades son similares, sí. Se pone en la boca, en las orejas, en la nariz, en todas partes. El olor es fuerte. Se creía que impedía la entrada de los espíritus malignos en el cuerpo. Fruta... morado, o algo redondo con una superficie morada, corteza morada...

—Esa cosa morada, ¿es algún tipo de fruta?

—Tanis.

—¿Te ayudará eso? ¿Es para la enfermedad?

—En esta época, sí.

—Tanis —repetí, tratando una vez más de ver si se refería al tanino o ácido tánico—. De esta vida, ¿qué ha quedado sepultado en tu vida actual? ¿Por qué vuelves una y otra vez aquí? ¿Qué te molesta tanto?

—La religión —susurró Catherine, de inmediato—, la religión de esa época. Era una religión de miedo... miedo. Había tantas cosas que temer... y tantos dioses...

—¿Recuerdas los nombres de algunos dioses?

—Veo ojos. Veo una cosa negra... una especie de... parece un chacal. Está en una estatua. Es una especie de guardián. Veo una mujer, una diosa, con una especie de toca.

—¿Sabes el nombre de la diosa?

—Osiris... Sirus... algo así. Veo un ojo... un ojo, sólo un ojo, un ojo con una cadena. Es de oro.

—¿Un ojo?

—Sí... ¡Hathor! ¿Quién es Hathor?

—¿Qué?

—¡Hathor! ¿Quién es?

Yo nunca había oído hablar de Hathor, aunque sabía que Osiris, si la pronunciación era correcta, era el hermano-esposo de Isis, la deidad egipcia más importante. Hathor, según supe después, era la diosa egipcia del amor, el regocijo y la alegría.

—¿Es uno de los dioses? —pregunté.

—¡Hathor, Hathor! —Hubo una larga pausa—. Pájaro... es plano... plano, un fénix...

Guardó silencio otra vez.

—Avanza ahora en el tiempo, hasta el último día de esa vida. Ve hasta tu último día, pero antes de morir. Dime qué ves.

—Veo edificios y gentes —respondió con un susurro—. Veo sandalias, sandalias. Hay un paño rústico, una especie de paño rústico.

—¿Qué ocurre? Ve ahora al momento de tu muerte. ¿Qué te ocurre? Tú puedes verlo.

—No veo... no me veo más.

—¿Dónde estás? ¿Qué ves?

—Nada... sólo oscuridad... veo una luz, una luz cálida.

Ya había muerto, había pasado al estado espiritual. Al parecer, no necesitaba experimentar otra vez su muerte real.

—¿Puedes acercarte a la luz? —pregunté.

—Allá voy.

Ella descansaba apaciblemente, esperando otra vez.

—¿Puedes mirar ahora hacia atrás, hacia las lecciones de esa vida? ¿Tienes ya conciencia de ellas?

—No —susurró. Continuaba esperando. De pronto se mostró alerta, aunque sus ojos permanecían cerrados. Su voz fue más potente—. Siento... ¡Alguien me habla!

—¿Qué te dicen?

—Hablan de la paciencia. Uno debe tener paciencia...

—Sí, continúa.

La respuesta provino del Maestro poeta.

—Paciencia y tiempo... Todo llega a su debido tiempo. No se puede apresurar una vida, no se puede resolver según un plan, como tanta gente pretende. Debemos aceptar lo que nos sobreviene en un momento dado y no pedir más. Pero la vida es infinita; jamás morimos; jamás nacimos, en realidad. Sólo pasamos por diferentes fases. No hay final. Los humanos tienen muchas dimensiones. Pero el tiempo no es como lo vemos, sino lecciones que hay que aprender.*

Los detalles funerarios, la hierba empleada para luchar contra la enfermedad y las estatuas de dioses son todos típicos de la regresión clásica. También los amplios períodos cubiertos por la memoria, desde los dieciséis años hasta la muerte. Aunque Catherine no recordó aquí la experiencia de la muerte en sí (la había rememorado en una sesión previa), pasó por ella para recibir la información espiritual iluminadora del «otro lado».

El segundo modelo de regresión a vidas pasadas es el que llamo «patrón del flujo de momentos clave». En el flujo de momentos clave, el subconsciente une los momentos más importantes o significativos de una serie de vidas, los momentos clave que mejor elucidarán el trauma oculto y curarán más rápida y profundamente al paciente.

A veces el flujo incluye la revisión entre dos vidas; a veces, no. En ocasiones la lección o el patrón es sutil y no se aclara hasta que se aproxima el final del flujo o cuando pregunto específicamente cuál es. Otras veces es instantáneamente telegrafiado por el flujo de momentos clave de los recuerdos.

En algunos pacientes, el flujo de momentos clave tiene una cualidad fragmentaria que puede expandirse, ya en un flujo más detallado, ya en un patrón clásico en sesiones pos-

* *Muchas vidas, muchos maestros*, págs. 122-125.

teriores, según el óptimo flujo de recuerdos y curación para cada paciente en especial, según lo determine su subconsciente. Con frecuencia, el flujo de momentos clave pasa espectacularmente de trauma en trauma, pero también de forma apacible y con suavidad, de una escena de muerte a otra, urdiendo su propia forma de iluminación, imperturbable, pero también profundamente curativa. He aquí algunos ejemplos del flujo de momentos clave, tomados también del caso de Catherine. Estos recuerdos provienen de su primera sesión de regresión a vidas pasadas:

—Hay árboles y un camino de piedra. Veo una fogata en la que se cocina. Soy rubia. Llevo un vestido pardo, largo y áspero; calzo sandalias. Tengo veinticinco años. Tengo una pequeña llamada Cleastra... Es Rachel. (Rachel es actualmente su sobrina, con la que siempre ha mantenido un vínculo muy estrecho.) Hace mucho calor... Hay olas grandes que derriban los árboles. No tengo hacia dónde correr. Hace frío; el agua está fría. Debo salvar a mi niña, pero no puedo... sólo puedo abrazarla con fuerza. Me ahogo; el agua me asfixia. No puedo respirar, no puedo tragar... agua salada. La pequeña me es arrancada de los brazos... Veo nubes... Mi pequeña está conmigo. Y otros de la aldea. Veo a mi hermano. Descansaba; esa vida había terminado. Permanecía en trance profundo...

—Continúa —le dije—. ¿Recuerdas algo más?

—... tengo un vestido de encaje negro y encaje negro en la cabeza. Mi pelo es oscuro, un poco canoso. Estamos en 1756 (d. de C.). Soy española. Me llamo Luisa y tengo cincuenta y seis años. Estoy bailando. Hay otros que también bailan. (Larga pausa.) Estoy muy enferma; tengo fiebre, sudores fríos... Hay mucha gente enferma; la gente se muere. Los médicos no lo saben, pero fue por culpa del agua.

La llevé hacia delante en el tiempo.

—Me recobro, pero aún me duele la cabeza; aún me duelen los ojos y la cabeza por la fiebre, por el agua... Muchos mueren.*

Obviamente, en este flujo de momentos clave el modelo es el trauma experimentado debido a un desastre natural. La naturaleza emocionalmente concentrada del patrón de flujo de momentos clave puede parecer intensa, pero según mi experiencia, revivir el trauma de la muerte sólo ofrece un mínimo riesgo de provocar una reacción perturbadora, en cualquiera de ambos patrones. En manos de un terapeuta preparado e incluso si el paciente trabaja solo en casa, la mayoría de la gente maneja e integra los recuerdos sin dificultad. En realidad, todo el mundo se siente mucho mejor. El terapeuta puede indicarle que flote por encima de la escena de la muerte si lo considera necesario, para observar sin emoción, y la mente subconsciente es siempre capaz de alejar al paciente de la experiencia regresiva. Se puede optar por no experimentar en absoluto la escena de la muerte. Siempre hay alternativas. Pero la intensidad de la terapia de vidas pasadas no asusta a quienes la experimentan.

La terapia de vidas pasadas que fluye de momento clave en momento clave es una modalidad terapéutica muy práctica y efectiva, porque con ella pueden producirse las conexiones necesarias entre vidas pasadas y vida actual en menos de una hora, en vez de exigir varias horas. Sin embargo, el flujo de momentos clave tiende a ser menos válido para el paciente que el patrón clásico, puesto que se concentra en la esencia, no en los detalles.

Por mi parte, no puedo prever cuál de estos patrones adoptará un paciente. Ambos curan por igual.

* *Idem*, págs. 29-33.

Por último, no todo el mundo necesita recordar vidas anteriores mediante la regresión con hipnosis. No todo el mundo carga con el peso de traumas producidos en vidas pasadas o cicatrices que sean importantes en la vida actual. Con frecuencia, lo que el paciente necesita es concentrarse en el presente, no en el pasado. Sin embargo, enseño a la mayoría de mis pacientes técnicas de meditación y autohipnosis, pues tienen un gran valor para la vida cotidiana. Ya sea que un paciente quiera curarse del insomnio, reducir una presión arterial elevada, bajar de peso, dejar de fumar, reforzar el sistema inmunológico para combatir infecciones y enfermedades crónicas, reducir la tensión nerviosa o alcanzar estados de relajación y paz interior, puede usar eficazmente estas técnicas durante el resto de su vida. Pese a los beneficios, en ocasiones los pacientes rechazan la hipnosis. A veces los motivos son asombrosos.

Cuando yo era psiquiatra residente en la Academia de Medicina de Yale, me asignaron a un hombre de negocios para que tratara su miedo a los aviones. Por entonces yo era uno de los pocos terapeutas de Yale que empleaba la hipnosis para curar fobias monomaniáticas, es decir el miedo a algo específico, como volar o conducir por una autopista o a las serpientes. Por su trabajo, este comerciante debía viajar mucho, y debido a su fobia sólo podía utilizar el transporte por tierra, así que la necesidad de superar ese miedo era obvia. Describí cuidadosamente el procedimiento hipnótico. Le transmití mi confianza y mi optimismo con respecto a su curación, asegurándole que ya no estaría paralizado por el temor y que no sólo sus perspectivas comerciales se beneficiarían con esa curación, sino que podría pasar sus vacaciones en sitios más lejanos y exóticos. Mejoraría por completo su estilo de vida y la calidad de su existencia.

Me miró pensativo, frunciendo el entrecejo. Los segundos pasaban lentamente. ¿Por qué no estaba más entusiasmado?

—No, gracias, doctor —dijo al fin—. ¡No quiero el tratamiento! —Eso me cogió completamente desprevenido. Había tratado con éxito a muchos pacientes con síntomas similares, sin que ninguno rechazara mi ayuda.

—¿Por qué? —le pregunté—. ¿Por qué no quiere curarse?

—Porque le creo, doctor. Usted me curará. Ya no tendré miedo de volar. Y entonces subiré al avión, el aparato despegará, luego se estrellará y así moriré. ¡No, gracias!

Contra eso no tuve argumento. Salió cordialmente de mi consultorio, con su fobia intacta, pero innegablemente vivo aún.

Yo estaba aprendiendo más sobre la mente humana, sus resistencias y sus negativas.

3

A la comprensión por la experiencia

A menudo un paciente nuevo o un asistente a mis talleres de trabajo me confiesa:

—Me interesa mucho experimentar la regresión a vidas pasadas, doctor Weiss, pero me resulta difícil aceptar el concepto de la reencarnación.

Si usted piensa lo mismo, no es el único. Muchas de estas personas necesitan aclarar ese tema antes de iniciar el proceso de regresión; en estos casos suele ser una parte preliminar de la terapia y se convierte en un tema habitual para preguntas y respuestas en mis conferencias y talleres de trabajo. Antes de mis extraordinarias experiencias con Catherine, yo mismo era muy escéptico sobre el concepto de la reencarnación y el poder curativo de la regresión a vidas anteriores. Incluso después tardé varios años más en decidirme a sacar a la luz mis nuevas creencias y experiencias.

Aunque la terapia de Catherine había cambiado radicalmente mi modo de comprender la naturaleza de la vida y de la curación, dudaba en comunicar a otros estas profundas experiencias, pues temía que mis amigos y colegas me consideraran «chiflado» o «raro».

Por otra parte, había recibido una nueva confirmación de lo eficaz que resultaba la terapia de vidas pasadas al haberla aplicado con éxito a otros pacientes. Sabía que era necesario aliviar mi malestar, resolver ese asunto; de modo que fui a la biblioteca médica para ver si podía obtener más información. Como médico lógico y acostumbrado a usar la mitad izquierda del cerebro, me agradaba esa solución al problema y esperaba que existiera dicha convalidación de mis experiencias. Si yo había hallado por casualidad ese recuerdo de vidas pasadas, estaba seguro de que otros psiquiatras que también utilizaban las técnicas de hipnosis debían de haber tenido experiencias similares. Tal vez alguno de ellos hubiera tenido la valentía de contarlas.

Me desilusionó encontrar publicadas muy pocas investigaciones, aunque excelentes. Descubrí, por ejemplo, la documentación del doctor Ian Stevenson sobre casos de niños que parecían recordar detalles de vidas precedentes. Muchos de esos detalles fueron corroborados por investigaciones posteriores. Esto era muy importante, pues ayudaba a proporcionar una prueba válida del concepto de la reencarnación. Pero había poco más que ver y casi nada, por cierto, sobre el valor terapéutico de la regresión a vidas pasadas.

Salí de la biblioteca aún más frustrado que cuando entré. ¿Cómo era posible? Mi experiencia personal ya me había permitido elaborar la hipótesis de que el recuerdo de vidas pasadas podía ser un instrumento terapéutico útil para varios síntomas psicológicos y físicos.

¿Por qué nadie más informaba sobre su propia experiencia? Más aún: ¿por qué la bibliografía profesional casi no mencionaba experiencias de vidas pasadas que hubieran surgido durante la hipnoterapia clínica? Parecía improbable que sólo yo las hubiera tenido. Sin duda a otros terapeutas les habría pasado lo mismo.

Mirando hacia atrás me doy cuenta de lo que deseaba en realidad: que alguien hubiera hecho ya el trabajo que yo iba a emprender. Por entonces sólo podía preguntarme si otros psicoterapeutas dudaban tanto como yo en investigar más sobre ese tema. Una vez revisada toda la bibliografía, me sentí dividido entre la intensidad y la realidad de mis propias experiencias directas y el temor de que mis nuevas creencias sobre la vida después de la muerte y el contacto con maestros-guía no fuera, personal y profesionalmente, «apropiado».

Decidí consultar otra disciplina. De mi curso de religiones en la universidad, recordé que las grandes tradiciones de Oriente, el hinduismo y el budismo, tenían la reencarnación como dogma central y aceptaban el concepto de vidas pasadas como aspecto básico de la realidad. También había aprendido que la doctrina sufí del Islam tenía bellísimas tradiciones de reencarnación expresadas en poesía, danza y canto.

En realidad no podía creer que, durante los milenios de historia de las religiones occidentales, nadie hubiera escrito sobre experiencias como la mía. Yo no podía ser el primero en recibir esa información. Más adelante descubrí que tanto en el judaísmo como en el cristianismo las raíces de la creencia en la reencarnación son muy profundas.

En el judaísmo existe, desde hace miles de años, una creencia fundamental en la reencarnación o *gilgul*. Esta creencia fue piedra angular de la fe judía aproximadamente hasta el año 1850 o 1880, época en que las comunidades judías de la Europa oriental tuvieron que transformarse ante la necesidad de «modernizarse» y de ser aceptadas por el orden occidental, más científico. Sin embargo, la creencia en la reencarnación había sido fundamental y común hasta esa época, hace menos de dos siglos. En las comunidades ortodoxa y jasídica, la fe en la reencarnación continúa incólume hasta hoy. La cábala, literatura judía mística que data de muchos milenios atrás, está llena de referencias a la reencarnación. El rabino Moshe Chaim Luzzatto, uno de los más brillantes eruditos judíos de los últimos siglos, resume así la *gilgul* en su libro *The Way of God*. «Una sola alma puede reencarnarse varias veces en diferentes cuerpos y, de esta manera, rectificar el daño hecho en encarnaciones previas. De modo similar, también puede alcanzar la perfección que no alcanzó en encarnaciones previas.»

Cuando investigué la historia del cristianismo, descubrí que el emperador Constantino en el siglo IV había borrado del Nuevo Testamento antiguas referencias a la reencarnación cuando el cristianismo se convirtió en religión oficial del Imperio romano. Al parecer, el emperador consideró que el concepto de la reencarnación amenazaba la estabilidad del imperio. Si los ciudadanos creían que tendrían otra oportunidad de vivir, podían mostrarse menos obedientes y respetuosos de la ley que quienes creían en un único Juicio Final para todos.

En el siglo VI, el II Concilio de Constantinopla respaldó el acto de Constantino declarando oficialmente que la reencarnación era una herejía. Como Constantino, la Iglesia temía que la idea de vidas anteriores debilitara y socavara su creciente poder, brindando a los seguidores demasiado tiempo para buscar la salvación. Estaban de acuerdo en que era necesario el látigo del Juicio Final para asegurar las actitudes y la conducta correctas.

Durante la misma era cristiana primitiva que llevó al Concilio de Constantinopla, otros padres de la Iglesia, como Orígenes, Clemente de Alejandría y san Jerónimo, aceptaban la reencarnación y creían en ella, al igual que los gnósticos. Aún en el siglo XII, los cátaros cristianos de Italia y el sur de Francia fueron sometidos a toda clase de brutalidades por su creencia en la reencarnación.

Mientras reflexionaba sobre la nueva información recogida, comprendí que los cátaros, los gnósticos y los cabalistas tenían, aparte de su creencia en la reencarnación, otro principio común: que la experiencia personal directa, más allá de lo que vemos y conocemos con nuestra mente racional o lo que nos enseña una religión determinada, es una gran fuente de sabiduría espiritual. Y esta experiencia personal directa fomenta poderosamente el crecimiento espiritual y personal.

Lamentablemente, como podían ser seriamente castigados por las creencias no ortodoxas, esos grupos aprendieron a mantenerlas en secreto. La represión de las enseñanzas sobre vidas anteriores no ha sido espiritual, sino política.

Así empecé a comprender los porqués. A mí también me preocupaba la posibilidad de ser castigado por mis creencias si las hacía públicas. Sin embargo, sé que la gente tiene derecho a gozar de los instrumentos de crecimiento y curación, y he visto por experiencia médica propia que la regresión a vidas pasadas puede curar y transformar la vida. También sé que los pacientes se vuelven mejores, más útiles como miembros de una sociedad y una familia, con mucho más que ofrecer.

Pero incluso después de publicar *Muchas vidas, muchos maestros*, yo seguía esperando una reacción negativa. Esperaba que los médicos me pusieran en ridículo, que mi reputación se viera manchada e incluso quizá que mi familia tuviera que sufrir por ello. Mis temores eran infundados. Aunque sé que uno o dos colegas han comentado que «el pobre Brian, que está perdiendo la chaveta», en lugar de perder amigos y colegas, gané otros nuevos. También comencé a recibir cartas, cartas maravillosas, de psiquiatras y psicólogos de todo el país, que han tenido experiencias como las mías pero no se han atrevido a hacerlas públicas.

Esto fue para mí una profunda lección. Había corrido el riesgo de documentar y presentar mis experiencias al público y al mundo profesional; mi recompensa era conocimiento, validación y aceptación. Por añadidura, había aprendido que el conocimiento no siempre comienza con la lectura de estudios en las bibliotecas. También se puede obtener conocimiento examinando la propia experiencia. La intuición puede guiarnos al intelecto. Los dos pueden encontrarse; pueden nutrirse e inspirarse mutuamente. En mi caso, así ha sido.

Cuento todo esto porque sus preocupaciones, el tira y afloja entre su conocimiento intelectual y su experiencia, pueden ser esencialmente similares a los míos. Muchas personas han tenido las mismas experiencias y creencias que usted, tal vez muchas más de las que se imagina. Y muchas de estas personas se resisten a comunicar sus experiencias por los mismos motivos que usted. Otras quizá las expresen, pero en privado. Es importante mantener la mente abierta, confiar en la experiencia propia. No deje que el dogma y las creencias ajenas resten validez a su experiencia personal y a su percepción de la realidad.

Otra de las preocupaciones de la gente respecto a las vidas anteriores es que resulte «sobrenatural» creer en fenómenos psíquicos. Esta preocupación es más fácil de disipar. Ese tipo de experiencias es universal. Haga una discreta encuesta entre sus amigos y parientes, preguntándoles si han tenido algún sueño premonitorio o cualquier otra clase de experiencia psíquica. Los resultados pueden sorprenderlo.

Así me ocurrió a mí, por cierto. Dos meses después de publicar *Muchas vidas, muchos maestros*, di una charla informal en un club literario compuesto por diez mujeres que vivían en Miami. Este grupo celebraba reuniones desde hacía doce años para analizar una amplia variedad de libros, en general de literatura popular; en realidad no estaban particularmente interesadas en la metafísica. Sin embargo, como yo era un escritor de la zona y estaba dispuesto a hablar con ellas, esas mujeres leyeron por primera vez un libro metafísico en sus doce años de existencia del club. La noche en que me presenté al grupo de análisis, estaban presentes las diez mujeres. En su mayoría eran de clase media y tendencias corrientes: parecían ser una buena muestra de la población de la zona.

Al principio de la charla pregunté a cada miembro del grupo qué opinaba sobre la reencarnación y la vida después de la muerte antes de leer *Muchas vidas, muchos maestros*. Tres de las mujeres (el treinta por ciento) creían en la reencarnación; seis (el sesenta por ciento), incluidas las tres primeras, creían en la vida después de la muerte; cuatro (el cuarenta por ciento) creían que uno muere cuando muere el cuerpo. Estas estadísticas se parecían mucho a los promedios nacionales obtenidos en una encuesta de Gallup.

Cuando pregunté a las miembros del club si habían experimentado personalmente algún fenómeno psíquico, me sorprendieron la variedad y la fuerza de sus respuestas. Recordemos que no se trataba de un grupo preseleccionado, de orientación metafísica, que demostrara un interés creciente en las percepciones extrasensoriales, los sucesos psíquicos o la reencarnación. Eran sólo diez mujeres a las que les gustaba leer y analizar muchos tipos de libros diferentes.

La madre de una había recibido, en un sueño, la visita de su abuela, que era anciana, pero no estaba enferma. En el sueño, la abuela estaba radiante, envuelta en una luz blanca y dorada. «Estoy bien —le dijo a la nieta—. No te preocupes por mí. Ahora tengo que dejarte. Cuídate.» Al día siguiente, la madre descubrió que su abuela había muerto durante la noche, en una ciudad lejana.

Otra mujer había soñado con un familiar de más edad, en el que no pensaba desde hacía mucho tiempo. En el sueño vio sangre en el pecho de su pariente. Sin que ella lo supiera, el día anterior el hombre había sido sometido a una operación a corazón abierto.

Otro miembro de este pequeño grupo había experimentado sueños recurrentes en los que aparecía su hijo. Aunque el muchacho gozaba en esa época de buena salud, en sus sueños parecía gravemente herido. La mujer lo veía en un cuarto de hospital; en ese cuarto resonaba una fuerte y misteriosa voz que pronunciaba estas palabras: «Él te es devuelto.» Estaba confundida, porque el muchacho del sueño, aunque ella sabía que era su hijo, tenía el pelo mucho más oscuro que en la realidad. El sueño se repitió durante un mes.

Después de ese mes, su hijo resultó gravemente herido

cuando le atropelló un automóvil mientras iba en bicicleta. En el hospital, esta mujer le dijo a los preocupados médicos que su hijo se recuperaría. Lo sabía sin lugar a dudas: así se lo había dicho la voz. El hijo, con la cabeza envuelta en vendajes, se recobró lentamente. Cuando retiraron las vendas, el pelo que le habían rasurado creció oscuro. La mujer no volvió a tener ese sueño.

Otra de las socias contó que su hijo de dos años parecía tener un conocimiento enciclopédico de hechos con los que no había tenido contacto. «Debe de haber estado antes aquí», dijo a sus amigas.

El dentista de otra, que también era gran amigo de ella, parecía tener un talento especial para evitar accidentes de tráfico. Una noche ambos salieron de un restaurante, con varios amigos más, y empezaron a cruzar la calle. De pronto él gritó: «Subid a la acera», y cruzó los brazos delante del grupo, llevándolo hacia atrás, sin tener idea de por qué lo hacía. Pocos segundos después un coche giró derrapando en la esquina y pasó a toda velocidad, un par de metros por delante del grupo.

Algunas semanas después de ese incidente, el dentista volvía a su casa, adormecido en el asiento delantero del coche, conducido por su esposa. Estaba medio amodorrado y no miraba por la ventanilla. «Cuando cambie la luz, no cruces —murmuró, al frenar su esposa ante un semáforo—. Alguien va a pasar con luz roja.» Estaba aún medio dormido, sin mirar por la ventanilla. Ella obedeció la advertencia. Algunos segundos después de cambiar la señal, un coche pasó a toda velocidad por la intersección que ellos deberían haber cruzado. Ambos quedaron muy impresionados, pero vivos.

A otra mujer del grupo mientras limpiaba su casa se le ocurrió de repente que un viejo amigo suyo acababa de suicidarse. Llevaba meses sin pensar en ese amigo y no tenía noticias de que tuviera problemas emocionales o ideas autodestructivas. Pero el pensamiento era tan claro, tan poco emocional y convincente, que no parecía una ocurrencia infundada, sino el conocimiento real de un hecho. Más tarde supo que era verdad: su amigo se había suicidado ese mismo día.

Continuaron expresando experiencias intuitivas tan sorprendentes como éstas. Varias socias del club relataron sueños premonitorios. Una tenía la capacidad de saber de quién era la llamada antes de atender el teléfono. Casi todas habían tenido fuertes sensaciones de *déjà vu*, conocimientos intuitivos y/o simultaneidad de pensamientos o frases con el esposo.

Pero quizá lo más llamativo era que esas mujeres hacía doce años que se reunían y casi nunca habían compartido información sobre sus experiencias psíquicas. Temían que se las tuviera por «raras» y hasta «chifladas». Sin embargo, se trataba de fenómenos psíquicos normales experimentados por mujeres normales. No es raro ni disparatado tener esas experiencias; todos las tenemos. Sólo que no hablamos de ellas con otros, ni siquiera con nuestros familiares o con los amigos más íntimos.

En cierto sentido, el recuerdo de vidas pasadas es sólo una de las muchas direcciones que puede tomar la muy común y preciosa experiencia de la intuición. Una mente relajada y concentrada en un ligero estado hipnótico suele ser más capaz de llegar a las reservas inconscientes de sabiduría y orientación intuitivas que la mente normal, «despierta», que sólo recibe corazonadas espontáneas al azar. Si has tenido alguna vez una experiencia intuitiva o una premonición que se haya cumplido sabes lo valiosa que puede ser.

La experiencia de recordar vidas pasadas suele causar la misma sensación. Es como si uno estuviera recordando, guiándose y curándose a sí mismo de un modo que no es necesario explicar ni demostrar. Se produce, simplemente; fluye. Cuando uno se siente mejor como resultado de su experiencia, ya sea porque ha mitigado un síntoma físico, aliviado un problema emocional o, sencillamente, porque uno tiene más confianza y serenidad en su vida y en el rumbo que lleva (resultados muy comunes de la terapia de vidas pasadas), no necesita poner en tela de juicio la validez lógica de la experiencia vivida. Uno sabe que ha recibido el poder de mejorar la calidad de su propia vida o de penetrar psicológicamente en sí mismo y en otros, de un modo muy tangible.

Los sueños psíquicos y precognitivos son un ejemplo muy común de una capacidad que todos tenemos y desarrollamos. Poco después de que el estado de Florida organizara una lotería estatal de seis dígitos, un hombre de Nueva Jersey ganó el premio de diez millones y medio de dólares gracias a un insólito sueño psíquico. En una entrevista publicada por los periódicos de Florida, el ganador dijo que su hija se le había aparecido en un sueño, casi un mes después de su muerte, instándolo a comprar un billete de lotería.

—Mi hija dijo: «¿Por qué no juegas mis números? Me gustaría darte un poco de felicidad.»

El padre, un agente inmobiliario de sesenta y un años, había viajado a Florida con otros familiares, tratando de recobrarse de la inesperada y trágica muerte de su hija, ocurrida a los veintitrés años al caer de un barranco de sesenta metros en Nueva Jersey, algunas semanas antes del sueño. Al despertar de ese vívido sueño, el padre recordó que en el coche de su hija habían encontrado un billete de lotería de Nueva Jersey. Aunque le parecía muy fantástico, telefoneó a su casa para pedir los números de aquel billete: 2, 6, 11, 14, 31 y 34. En las primeras horas del día en que se efectuaba el sorteo semanal, los padres y sus hijos, dos chicas y un chico, compraron un único billete de la lotería de Florida, con esos números. La posibilidad de ganar se calcula en una entre catorce millones. La familia ganó.

—Tuve una sensación extraña —dijo el padre—. Me sorprendió y no me sorprendió. Es difícil de explicar.

Días más tarde, un hombre de Homestead, Florida, ganó

más de once millones de dólares escogiendo los números 1, 2, 3, 13, 28 y 48. Era un mecánico de cincuenta y ocho años que hasta entonces nunca había jugado a la lotería, ni siquiera en su Cuba natal. Pero la noche del martes previo al sorteo del sábado se le apareció su difunta madre, en un sueño vívido, y le dijo que comprara un billete. Al día siguiente compró diez en un supermercado cercano. Uno de los diez resultó ser el ganador.

Los sueños psíquicos premonitorios no son sólo frecuentes, sino también muy reales. Lo sé por mis recientes investigaciones de los fenómenos psíquicos, pero también por veinte años de experiencia como investigador de los sueños.

La validación de las experiencias de cuasi-muerte, a través de la investigación de muchos expertos prestigiosos, como los doctores Raymond Moody, Elisabeth Kübler-Ross, Kenneth Ring, Melvin Morse y otros, define también la visión del mundo intuitiva, basada en la experiencia, en la que las vidas anteriores y su recuerdo parecen lógicos y permiten que tanto la mente como la intuición se encuentren a gusto. También destaca otra experiencia humana muy común que mucha gente no desvela y que suele ser análoga a los hallazgos de las investigaciones sobre la regresión a vidas pasadas.

Shirley es una mujer de sesenta y cinco años, una de los pocos supervivientes de un accidente de aviación en el que murieron más de ciento setenta pasajeros. Shirley quedó gravemente herida, con fracturas múltiples y heridas internas. La encontraron en aguas pantanosas, todavía sujeta al asiento, que había caído del destrozado fuselaje del avión.

Hospitalizada en un centro de traumatología, Shirley llegó a una temperatura de 41 °C, que puede ser letal. Comenzó a sufrir convulsiones y cayó en coma. Luego tuvo un paro cardiorrespiratorio y cesaron su respiración y sus latidos cardíacos. Los heroicos esfuerzos por resucitarla parecían inútiles, pero el equipo médico insistió.

Durante esas tentativas Shirley tuvo una experiencia de cuasi-muerte. Al salir flotando de su cuerpo, una bandada de palomas blancas le salió al encuentro. La guiaron hacia una bella luz que brillaba a la distancia. Se sentía estupendamente. En el trayecto giró hacia atrás y vio a los médicos y las enfermeras que trabajaban frenéticamente en su cuerpo. Vio qué huesos tenía fracturados, con tanta claridad como en una radiografía.

Al volverse hacia la luz que la llamaba, pensó: «Oh, lástima que las aves no sepan hablar.»

En ese momento oyó una voz que surgía de la luz. Era serena y apacible; le decía que aún no le había llegado la hora. Shirley protestó:

—Pero si mi cuerpo está destrozado. No quiero volver a ese dolor.

La voz respondió:

—Tienes un mensaje que llevar. Y el mensaje es que la paz es amor, y el amor es sabiduría.

También le dijo que ayudaría a la gente transmitiendo ese mensaje.

Shirley volvió a su cuerpo. Los médicos quedaron sorprendidos. Habían pasado quince minutos desde la última inspiración espontánea, desde el último latido del corazón. Más tarde dio a todos su mensaje. La familia puso en su habitación carteles que decían: «Paz, amor, sabiduría.»

Shirley oyó la voz una vez más, cuando los médicos le dijeron que probablemente sufriría una parálisis permanente, una paraplejía.

—¡Nada de eso! —protestó—. Vuelvan ustedes dentro de una hora y se lo demostraré.

Cuando salieron, Shirley cerró los ojos e imaginó la luz que había visto durante su experiencia de cuasi-muerte. Entonces oyó nuevamente la voz: «Tu curación vendrá desde adentro, desde el interior hacia fuera.»

Cuando regresaron los médicos, a la hora fijada, Shirley les dijo que su curación se produciría desde el interior hacia fuera y les indicó que le observaran los pies. Una vez más, cerró los ojos y se concentró en la luz. Los escépticos médicos quedaron completamente desconcertados al ver que movía el pie. A partir de entonces su recuperación ha sido incesante.

Según un estudio de Gallup, más de ocho millones de norteamericanos han pasado por experiencias de cuasi-muerte, incluidos muchos niños pequeños. Los relatos de estas experiencias son muy coherentes y están muy bien documentados. Habitualmente, la persona próxima a la muerte se separa del cuerpo y «observa» las tentativas de salvarla y devolverla a la vida desde algún punto por encima de su cuerpo. Pronto cobra conciencia de una luz intensa o una figura «espiritual» refulgente; a veces es un pariente fallecido, a lo lejos. Con frecuencia oye sonidos o música y flota por un túnel hacia la luz o hacia la figura. No hay dolor; al contrario, una sensación de paz intensa y júbilo invade la conciencia flotante. En general, no se quiere regresar al cuerpo, pero si la persona no ha completado aún sus tareas o pagado sus deudas en la Tierra, es devuelta al cuerpo y, una vez más, cobra conciencia del dolor y de otras sensaciones físicas. Sin embargo, casi todos comprenden también que la vida no acaba con la muerte del cuerpo físico. En su mayoría, no vuelven a tener miedo de morir.

Raymond Moody, Jr., doctor en medicina y en psicología, renombrado autor de *Life After Life*, *Reflections on Life After Life* y *The Light Beyond*, me habló de las más de dos mil entrevistas que ha mantenido con personas que tuvieron experiencias de cuasi-muerte. En estas entrevistas, los sujetos describen la experiencia típica de flotar por encima del cuerpo. Muchos saben qué van a decir los médicos y las enfermeras que los están atendiendo segundos antes de que se digan esas palabras. Cuando los pacientes tratan de tocar en el hombro a los médicos o a las enfermeras, las manos incorpóreas pasan a través de los cuerpos sólidos. No hay contacto físico.

—Luego se les revela una sensación de realidad trascendente —continuó el doctor Moody—. Se sienten totalmente impregnados de amor al encontrar la luz brillante, que en modo alguno les molesta a la vista.

Una característica frecuente de estas experiencias es que se produce una revisión de la vida, un panorama de las acciones, la conducta y los hechos del individuo, que de algún modo se despliegan instantáneamente, más allá del tiempo, en colores intensos y en tres dimensiones. Por añadidura, quien repasa su vida experimenta las emociones de las personas a las que ayudó o hizo sufrir, a las que amó y odió. Con frecuencia, uno o varios seres espirituales, similares a dioses, acompañan al individuo.

Uno de los pacientes del doctor Moody era un pastor religioso que, en sus sermones, tendía a abordar la religión desde el punto de vista del infierno. Mientras repasaba su vida, el pastor se descubrió escuchando uno de sus vitriólicos sermones desde la perspectiva de un niño de nueve años, que temblaba de miedo en su banco. Aunque el pastor sólo había tenido contactos muy superficiales con ese niño, sintió en ese instante toda la fuerza de su miedo, así como el efecto decididamente poco espiritual de su sermón sobre todos sus feligreses.

Fue entonces cuando el ser espiritual que observaba el análisis comentó serenamente:

—Sospecho que usted no volverá a hacer eso nunca más.

El pastor recordaba ante el doctor Moody:

—Me sorprendió mucho descubrir que a Dios no le interesaba mi teología.

El doctor Melvin Morse, pediatra en Seattle y autor de *Closer to the Light*, documenta cuidadosamente experiencias de cuasi-muerte en niños desde 1983 y ha escrito sobre más de cincuenta casos. Los relatos de los niños que han pasado por experiencias de cuasi-muerte son muy similares. Ellos también dicen que abandonaron el cuerpo, entraron en un vacío y fueron atraídos hacia una luz intensa que les daba la bienvenida. El impacto de esas experiencias en los niños es tan profundo y transformador como en los adultos. Aprenden que la vida tiene un propósito. «Reverencian la vida y ven las intrincadas conexiones de todo el universo.» En un seguimiento de sus pacientes, casi ocho años después de las entrevistas, el doctor Morse descubrió que esos niños se habían convertido en adolescentes de una excepcional madurez y forjaban relaciones familiares excelentes. No tomaban drogas, no eran rebeldes y tampoco representaban un determinado papel en su conducta o en su vida sexual.

El doctor Kenneth Ring, fundador y ex presidente de la Asociación Internacional para el Estudio de la Cuasi-Muerte, profesor de psicología en la Universidad de Connecticut y autor de dos libros excelentes, *Life at Death* y *Heading Toward Omega*, dio recientemente una conferencia ante un grupo de médicos de Los Ángeles, junto con los doctores Morse, Moody y yo mismo. El tema de la conferencia era la cuasi-muerte y las experiencias después de la muerte. Durante la conferencia, el doctor Morse contó que varios niños estudiados por él decían haber oído las conversaciones que mantenían médicos y enfermeras que los operaban, durante la cuasi-muerte, aunque en esos momentos estaban inconscientes y con anestesia general.

También contó el caso de un pequeño que tuvo una experiencia de cuasi-muerte a los nueve meses de edad. Cuando tenía tres años y medio asistió a una función religiosa y vio a alguien representando a Cristo.

«Ése no es Jesús —objetó el niño—. ¡Yo vi a Jesús cuando morí!»

Al explicarse, el niño dijo que había visto un túnel con «un mundo de luz» en el otro extremo, donde podía «correr y saltar con Dios».

—Ésa fue su visión del paraíso —agregó el doctor Morse. Mencionó también a tres o cuatro niños que dijeron haber «conocido en el cielo almas que esperaban renacer»—. Eso los preocupaba —comentó el doctor Morse—, porque parecía contrario a las enseñanzas religiosas recibidas, pero lo cierto es que conocieron a esas almas.

El doctor Moody me habló de un caso citado en el *Journal of Critical Care Medicine*: el de una criatura que, antes del año, había estado a punto de morir, pero fue revivida en el último momento. Más adelante presentaba síntomas de miedo a la separación cada vez que estaba cerca de un túnel. Cuando tenía alrededor de tres años y medio, la abuela sufría una enfermedad terminal. Cuando se dio delicadamente la noticia a la niñita, ella preguntó inocentemente:

—Oh, ¿y la abuela tendrá que pasar por el túnel para ver a Dios, como hice yo?

Según las experiencias del doctor Ring, la orientación y la educación religiosas no predisponen a una persona a las experiencias de cuasi-muerte. Cualquiera puede pasar por ellas, sea cual fuere su credo. Reiteró el descubrimiento de que quienes han experimentado la cuasi-muerte pierden el miedo a morir.

—No ocurre lo mismo con las personas que han estado en el umbral de la muerte sin tener esas experiencias —dice el doctor Ring—. Casi todos los que las han tenido pasan a creer en Dios, incluso los que antes eran ateos. Presentan un mayor interés por la vida, la naturaleza y el medio. Son menos exigentes consigo mismos y más compasivos con el prójimo. Sienten mucho más amor... es el amor lo que importa... tienen un mayor sentido del propósito de la vida. Son más espirituales.

El doctor Ring cree también que, como la tecnología de resucitación avanza tan rápidamente, aumenta la cantidad de personas que han estado en la antesala de la muerte y por tanto cada vez son más las experiencias de cuasi-muerte que proporcionan nuevos datos aún más importantes.

Los pacientes que describen su muerte real en vidas pasadas utilizan las mismas imágenes, descripciones y metáforas que los niños y los adultos que han pasado por experiencias de cuasi-muerte. Las similitudes son asombrosas pese a que las descripciones de muerte en vidas anteriores suelen provenir de pacientes hipnotizados que no están familiarizados con estudios de ese tipo.

También es muy esclarecedora la similitud que existe en los cambios de perspectiva, valores y enfoque de la vida que, típicamente, se producen en todas las personas que han pasado por una experiencia de cuasi-muerte o han recordado vidas pasadas. No es necesario ser arrollado por un camión o sufrir un paro cardíaco para que se produzca un aumento de conciencia o de espiritualidad, se reduzcan las preocupaciones materialistas, se adquiera un temperamento más amoroso y apacible o se obtenga cualquiera de los beneficios que comportan la regresión a vidas pasadas y la experiencia de la cuasi-muerte. Los miembros de ambos grupos experimentan una drástica disminución del miedo a morir y expresan la nueva convicción de que el amor es lo que importa de verdad.

Además del miedo a ser castigados o criticados por sus colegas, quienes están interesados en explorar el recuerdo de vidas pasadas expresan ocasionalmente una tercera preocupación: son válidas estas experiencias. ¿Existe alguna «prueba» objetiva de las vidas pasadas? ¿Hay alguna investigación basada en datos que demuestre la veracidad de los detalles que se mencionan en los recuerdos de vidas anteriores? A veces surge esta pregunta en personas que ya han tenido una experiencia de regreso a vidas pasadas. ¿Es posible que todos esos detalles sean ciertos? Ellos dudan. ¿Y si me los inventé?

Ian Stevenson, doctor en medicina, profesor y presidente emérito del departamento de psiquiatría de la Universidad de Virginia, ha reunido y documentado más de dos mil casos de niños que han pasado por una experiencia de reencarnación. Muchos de ellos presentaban xenoglosia, es decir la capacidad de hablar un idioma extranjero, con frecuencia antiguo, que nunca habían podido oír. Estos niños, generalmente muy pequeños, conocían también datos muy detallados y específicos de ciudades y familias que se hallaban a cientos o miles de kilómetros, y sobre hechos acaecidos diez o más años antes. La mitad de ellos eran originarios del mundo occidental, no de la India, el Tíbet u otras zonas de Asia donde la creencia en la reencarnación es común. Muchos detalles de estos casos fueron cuidadosamente corroborados por el equipo investigador del doctor Stevenson.

Aunque mi especialidad es la psiquiatría de adultos, ocasionalmente me consultan padres de niños que parecen estar experimentando un recuerdo de alguna vida anterior; así he tenido la oportunidad de entrevistar a niños que, aparentemente, recuerdan vidas pasadas.

Los padres de un niñito me buscaron para contarme que su hijo sabía hablar en francés. El niño había comenzado a pronunciar frases y oraciones en ese idioma entre los dos y los tres años y medio. Los padres se preguntaban si podía tratarse de algún tipo de memoria genética, puesto que había antepasados franceses en una rama de la familia. Sin embargo, ninguno de los dos sabía francés y el niño no había estado con personas francoparlantes. La familia no tenía parientes, personal doméstico, vecinos ni amigos que hablaran francés.

Después de hacer más preguntas a los padres, les dije que esa xenoglosia podía deberse más al recuerdo de una vida anterior que a la memoria genética. Les dije que su hijo me hacía pensar en los niños del doctor Stevenson. Era posible, por cierto, que estuviera utilizando psíquicamente un inconsciente colectivo o un torrente de conocimientos de todas las cosas, incluida la historia, idiomas, símbolos arquetípicos y acontecimientos pasados. Pero en general, me parecía más probable que el niño hubiera aprendido el francés en una vida anterior.

Una afligida madre, abogada de profesión, vino a mi consulta porque su hija de cuatro años se estaba comportando «de manera extraña». Incluso se estudiaba la posibilidad de internarla en una institución psiquiátrica. La «extraña» conducta de la niña se inició cuando la madre compró algunas monedas antiguas. Mientras ella y su hija, inteligente y hasta entonces muy normal, clasificaban las monedas y jugaban con ellas, encontraron una pieza muy extraña, de varios lados.

La niña cogió inmediatamente la moneda y dijo:

—Ésta la conozco. ¿No te acuerdas, mami, de cuando yo era grande y tú eras un muchacho y teníamos esta moneda? Montones como ésta.

La hija quiso dormir con la moneda y empezó a hablar con frecuencia de aquella época. Un psicólogo amigo de la familia temía que la pequeña fuera psicópata. Después de obtener más detalles sobre el caso, pude asegurar a la familia que la niñita no era psicópata; simplemente, recordaba una vida anterior que había compartido con su madre. Con una actitud comprensiva y tranquilizadora, la hija pronto volvió a su conducta «normal» y la ansiedad de la madre desapareció.

Éstos no son los únicos casos de este tipo que otros investigadores y yo tenemos en nuestros archivos. Niños como éstos, que espontáneamente presentan datos, detalles, idiomas u otras muestras del recuerdo de vidas pasadas, son convincentes ejemplos de que realmente existen esas vidas anteriores. Son demasiado pequeños para haberse estudiado los datos que representan. No embellecen ni distorsionan la información y por eso resulta aún más impresionante. Sé de un niño de tres años que puede señalar los aviones de la Segunda Guerra Mundial y contar cómo los pilotaba cuando era hombre; también describe algunas especificaciones de los aparatos. ¿Cómo sabe todo eso? He oído hablar de una niñita que recuerda cómo se arman los rifles. Otra describe con todo detalle el gran trineo que volcó sobre ella cuando era grande.

Hay muchos ejemplos más de este fenómeno. Basta preguntar a una criatura de tres años si se acuerda de cuando era grande. Su respuesta puede ser una sorpresa.

Como buen psiquiatra profesional, comparo por instinto el contenido de los recuerdos que mis pacientes tienen de vidas pasadas con el material psicoanalítico tradicional procedente de los sueños, con el consiguiente contenido distorsionante y metafórico. De este modo he podido realizar mis propios descubrimientos sobre el tema de la fantasía y la metáfora *versus* el verdadero recuerdo de vidas pasadas. También he podido comparar la experiencia de la regresión a vidas anteriores con el tradicional sistema freudiano de dejar al descubierto los recuerdos infantiles.

En la práctica de mi profesión he descubierto que la mezcla fluida, viviente y de apariencia multicolor entre la experiencia real, la metáfora y la distorsión que se produce en la regresión a vidas pasadas es muy similar a la mezcla que se encuentra en los sueños. En una sesión de regresión a vidas pasadas, con frecuencia mi trabajo consiste en ayudar a separar estos elementos, interpretarlos y hallar un patrón coherente para todo el tapiz, tal como en la sesión psicoanalítica tradicional, que podría incluir recuerdos infantiles.

Siempre teniendo en cuenta mi experiencia, la diferencia consiste en que, en los sueños, tal vez un setenta por ciento de su contenido se compone de símbolos y metáforas; un quince por ciento, de recuerdos reales, y el último quince por ciento, de distorsión o disfraz. En cambio, he descubierto que en el recuerdo de vidas pasadas las proporciones suelen ser muy distintas. Tal vez un ochenta por ciento consistirá en recuerdos reales; otro diez por ciento, en símbolos y metáforas; el diez por ciento restante, en distorsión o disfraz. Por ejemplo: si uno regresa a su infancia de la vida actual y se le pide que recuerde la guardería, tal vez recuerde el nombre de la maestra, la ropa que uno usaba, el mapa de la pared, los amigos que tenía y el papel verde de las paredes. Una investigación más a fondo puede demostrar que el papel de las paredes era en realidad amarillo; el verde correspondía a nuestra aula de primer grado. Pero eso no reduce la validez del resto de los recuerdos. De igual modo, el recuerdo de una vida anterior puede tener un tono de «novela histórica». Es decir: el núcleo importante de la verdad puede llenarse con fantasías, elaboraciones o distorsiones, pero lo esencial será un recuerdo sólido y exacto. En el material soñado y en las regresiones dentro de la vida actual se produce el mismo fenómeno. De todo se saca provecho. La verdad sigue allí.

Un analista tradicional podría preguntarse si el recuerdo de una vida anterior no es una fantasía psicológica. El recuerdo de una vida previa ¿no puede ser la proyección y el embellecimiento de un recuerdo o trauma de la niñez?

Mi experiencia (y la de otros terapeutas que me han escrito sobre sus casos) me indica que, en realidad, es a la inversa. Los recuerdos, los impulsos y las energías de vidas pasadas parecen formar o crear el patrón de la niñez en la vida actual. Es, simplemente, otra repetición o reagrupamiento de modelos que existen desde hace mucho tiempo.

En realidad, este fenómeno de aportes previos de vidas pasadas, que emergen en la niñez y se repiten una vez más, es muy similar al concepto de neurosis y compulsión repetitiva que proponía Freud (es decir: los traumas «escondidos» en el pasado que resultan en síntomas actuales, y que deben ser descubiertos para poder aliviar esos síntomas). Mi único desacuerdo con el análisis tradicional, en este punto en particular, es que el escenario temporal de Freud era demasiado pequeño y limitado; debe ser ampliado hacia atrás, más allá de esta vida, para alcanzar la raíz de algunos problemas. Una vez que se agranda el escenario, generalmente se producen resultados terapéuticos coherentes, efectivos y rápidos.

Como terapeuta o como paciente, no hace falta creer en vidas anteriores ni en la reencarnación para que la regresión a vidas pasadas dé resultado. La prueba la encontramos en la experiencia. Tal como me ha dicho más de un colega psicoterapeuta:

—Todavía no sé si creo en este asunto de las vidas anteriores, pero lo empleo, ¡y qué resultados da!

4

Curar el cuerpo curando la mente

Elaine es una respetada psicóloga de Miami. Vino a verme para comprobar si la terapia de vidas anteriores podía aliviar una dolencia física crónica. Desde hacía años, sufría fuertes dolores intermitentes en el cuello, los hombros y la parte superior de la espalda. Durante la primera entrevista descubrí que Elaine siempre había padecido terror a las alturas, fobia monosintomática. Ésta es la descripción que, más adelante, Elaine hizo de su experiencia durante la hipnosis y lo que ocurrió en su vida como resultado:

—Vi mucha oscuridad... negrura... y comprendí que tenía una venda en los ojos. Luego me vi desde fuera. Estaba de pie en lo alto de una torre, una de esas torres de castillo, hechas de piedra. Tenía las manos atadas a la espalda. Rondaba los veintidós años. Supe que era un soldado del bando que había perdido la batalla. Luego experimenté un fuerte dolor en la espalda. Sentí que rechinaba los dientes y tensaba los brazos, apretando los puños. Me estaban dando un lanzazo; sentía la lanza en la espalda, pero me mostraba desafiante y no quería gritar. Luego sentí que caía; el agua del foso se cerró a mi alrededor.

»Siempre he tenido terror a las alturas y a ahogarme. Cuando salí de aquello todavía estaba estremecida; pasé un par de días atormentada. No podía siquiera tocarme los huesos de la cara, porque el dolor era muy intenso. Pero a la mañana siguiente, al despertar, pensé: "Algo ha cambiado. Algo ha cambiado mucho."

Lo que había cambiado era que Elaine ya no tenía dolor de espalda ni miedo a las alturas.

En una sesión posterior, Elaine experimentó de nuevo vívidamente una existencia en la Francia medieval. En esa vida era un hombre de veintitantos años, empobrecido, desanimado y sin esperanzas. A este hombre le faltaba coraje para ser diferente, para expresarse, para salir de su rutina y cambiar su suerte. Sin emotividad, Elaine describió los sucios harapos pardos que llevaba como única ropa. Con el correr del tiempo las autoridades acusaron injustamente a Elaine de un crimen que no había cometido. Pero como hacía falta un chivo expiatorio, la arrestaron y la ahorcaron en público. Fue al patíbulo acongojada, presa de su falta de esperanzas, casi aliviada por abandonar su mísera existencia.

Después de esa sesión desapareció el dolor crónico de cuello. Y algo más. Como resultado de sus experiencias en la Francia medieval, Elaine pudo detectar un nuevo aspecto que le permitiera el crecimiento emocional en el presente. Vio que sus experiencias de entonces influían sobre su actual renuencia a expresarse en voz alta y aceptar los riesgos. Elaine decidió dar el paso decisivo. Arriesgó su reputación profesional contando al periodismo y a otros terapeutas sus notables experiencias en vidas pasadas. Y esta vez, en lugar de ser ahorcada en público, recibió felicitaciones.

La experiencia de Elaine demuestra que la regresión a vidas pasadas está extendiendo el repertorio de técnicas conocidas para alcanzar lo que se ha llamado recientemente «la conexión mente-cuerpo».

La terapia acabó con los viejos círculos, tanto físicos como emocionales. Aunque buscaba en la terapia un alivio a los síntomas físicos, no sólo pudo librarse de un dolor debilitante, sino también de un antiguo miedo. Y además, identificó y se dedicó a un nuevo aspecto del desarrollo emocional, al descubrir un bloqueo (el miedo a decir la verdad) del que hasta entonces no había tenido conciencia. Durante la terapia se establecieron entre la mente y el cuerpo de Elaine conexiones que interactuaron sinergéticamente, estimulándose entre sí y abriendo nuevas puertas al crecimiento y a la salud, hasta que surgió un nuevo nivel de bienestar.

Es bien sabido que la mente puede ejercer una fuerte influencia sobre el cuerpo, provocando síntomas, enfermedades e incluso la muerte. Todos los médicos saben de pacientes hospitalizados que renunciaron a la vida, por un motivo u otro. Pese a los mejores tratamientos y a la tecnología disponible, esos pacientes se van marchitando y al final mueren. A otros enfermos, poseedores de una intensa voluntad de vivir, suele irles mucho mejor. En la actualidad se están definiendo los mecanismos físicos de la «renuncia a vivir» y de la «voluntad de seguir viviendo». Son mecanismos básicos de la conexión mente-cuerpo, vínculo que en Elaine se estableció de un modo muy curativo, y la libró de sus dolores de cuello y espalda. En este capítulo examinaremos muchos ejemplos más de la conexión mente-cuerpo, tal como se establece durante la terapia de vidas pasadas, y muchas de las diferentes maneras en que puede curar dolencias físicas.

Los primeros datos obtenidos en la Universidad de Stanford indican que los grupos de apoyo alargan significativamente la vida y mejoran su calidad en enfermas de cáncer de mama. Los investigadores de la Universidad de Harvard han descubierto que algunas formas de meditación pueden prolongar la vida en los ancianos. Norman Cousins, en su excelente libro *Head First: The Biology of Hope*, documentó cuidadosamente trabajos realizados en la Universidad de California en Los Ángeles así como en otros lugares, que han ayudado a desarrollar la nueva área de investigación médica conocida como psiconeuroinmunología, la interacción entre la mente-cerebro y el sistema inmunológico. El doctor Bernie Siegel, en sus libros *Love, Medicine and Myracles* y *Peace, Love and Healing*, también ha descrito las correlaciones mente-cuerpo y el profundo potencial curativo que se puede lograr mediante este vínculo.

Las investigaciones realizadas en la Universidad estatal de Pensilvania han demostrado que la hipnosis puede aumentar la cantidad de ciertas células sanguíneas blancas. Muchos estudios documentan la correlación entre una mejora en los resultados atléticos y las técnicas de visualización. Muchos médicos e investigadores han utilizado la hipnosis para acabar con la adicción al tabaco, la comida y hasta el alcohol y las drogas duras. En muchos casos también resultan efectivas las técnicas de meditación.

La terapia de vidas pasadas con hipnosis también puede lograr algunos de estos resultados. Desde mis primeras experiencias con Catherine he llevado a cabo cientos de regresiones terapéuticas a vidas anteriores. He visto que los síntomas, tanto físicos como psicológicos, pueden resolverse con celeridad como resultado de esta terapia, aun sin el empleo de medicamentos.

No soy aún capaz de identificar el mecanismo exacto de las curaciones físicas que se producen como resultado de la terapia, aunque respecto a ella tengo algunas ideas.

La curación puede basarse en el simple acto de recordar y experimentar de nuevo un trauma inicial, así como el acto de reexaminar un trauma de la infancia durante la psicoterapia convencional produce una curación emocional. Tal vez lo más curativo sea el descubrimiento de que el alma nunca muere, que sólo perece el cuerpo. El paciente también puede curarse al comprender los factores que en un principio causaron la enfermedad. Quizás el secreto sea una combinación de todos esos procesos, típicos de la terapia de vidas pasadas.

Aunque sólo puedo ofrecer hipótesis sobre por qué cura la regresión a vidas pasadas, puedo dar fe de los resultados de esos recuerdos. En mi experiencia profesional he descubierto que la regresión a vidas pasadas mediante hipnosis puede ser una parte importante del tratamiento, la mejoría e incluso la curación de ciertos síntomas y enfermedades crónicos, sobre todo los que afectan al sistema inmunológico y los que pueden tener un componente psicosomático.

La terapia de vidas pasadas es efectiva, sobre todo para tratar dolores óseo-musculares, dolores de cabeza que no responden a la medicación, alergias, asma y estados relacionados con la tensión o con el sistema inmunológico, tales como las úlceras y la artritis. En algunos casos parece mejorar las lesiones o tumores cancerosos. Muchos de mis pacientes han podido, después de la terapia de vidas pasadas, dejar de tomar calmantes para estados antes debilitantes. También resuelve asuntos emocionales profundamente subyacentes, al revelar la relación de las emociones con la molestia física y su origen en vidas pasadas.

La investigación médica en este terreno está apenas en sus comienzos. Sin embargo, se puede asegurar que la terapia de vidas pasadas debe ser seriamente considerada como un complemento eficaz y rentable a la lista de terapias holísticas, es decir: las que no se concentran en aliviar un solo síntoma o estado, sino en curar a la persona en cuerpo y mente.

Jack es un piloto de aviones de carga, de cuarenta años, que acudió a mi consulta en busca de ayuda para una serie de síntomas físicos y psicológicos. Físicamente sufría de migrañas, artritis gotosa y alta presión sanguínea. Psicológicamente, Jack se iba encolerizando durante semanas enteras y de repente descargaba su cólera con una intensidad próxima a la ira. También sufría de una fobia monosintomática muy particular. Todas las mañanas, cuando se ajustaba el cinturón de seguridad y se preparaba para el despegue, miraba varias veces por la ventanilla, nervioso, para asegurarse de que su avión conservaba aún el ala derecha.

Como había sido piloto de la fuerza aérea durante varios años antes de convertirse en aviador comercial, tenía mucha experiencia y era muy responsable. Nunca se había encontrado con una situación de emergencia que hubiera podido provocar su nerviosismo actual. Sin embargo, al despertar cada mañana, se preguntaba si ése era el día en que a su avión se le desprendería el ala.

Durante la terapia, Jack volvió a varias vidas pasadas, en una combinación de regresión clásica y flujo de momentos clave. En la primera sesión recordó haber sido vaquero en el Viejo Oeste. En esa vida murió aplastado por una roca que cayó sobre él mientras cruzaba a caballo un paso de montaña. Al revivir la experiencia de muerte recordó la sensación sofocante. Prosiguiendo con la regresión, pasó a una vida diferente y a un segundo momento clave.

Descubrió que había sido piloto de la fuerza aérea alemana, y que le había derribado en Alemania el fuego de su propio bando, durante la Segunda Guerra Mundial. Los disparos de los suyos habían desprendido el ala derecha de su avión. Jack murió al caer a tierra el destrozado aparato. Al experimentar de nuevo la muerte y la etapa entre dos vidas que le siguió, revivió también el terrible enfado y la frustración que había sentido por el error que le costó prematuramente la vida, obligándolo a abandonar a su joven familia.

Después de ese proceso de regresión, Jack se sintió eufórico, como si le hubieran quitado un peso enorme de encima. Ahora tenía una explicación para la angustia irracional que sentía en su vida actual. En el curso de dos semanas, tanto él como yo notamos que su fobia con el ala derecha del avión había desaparecido por completo. Por fin pudo entrar en la cabina sin echar un vistazo aterrorizado al ala de su avión. La cólera provocada por el sinsentido de esa muerte también le ayudó a comprender mejor el origen de su frecuente ira.

En la segunda sesión decidimos investigar el origen de su artritis gotosa. Una vez en trance, Jack volvió inmediatamente a la regresión por flujo de momentos clave; recordó una vida anterior en la que sufrió varias heridas bilaterales en la rodilla, al chocar contra un muro bajo. Como resultado de este accidente, no sólo se despellejó ambas rodillas, sino que sufrió graves infecciones y, con el tiempo, se le atrofió la parte inferior de las piernas. Jamás se recuperó por completo y tuvo que ser atendido durante el resto de su vida. Enfadado y deprimido, tuvo una muerte prematura.

Se había establecido otra vinculación entre una molestia física actual y otra emocional.

Posteriormente, Jack recordó una antigua vida en la que un cuerno de animal le había atravesado la cabeza, perforando el lóbulo occipital de su cerebro para salir por debajo del ojo derecho, el lugar de donde actualmente se producen sus migrañas.

Desde esa sesión Jack no ha tenido más migrañas. Aunque sólo el tiempo dirá si la terapia de vidas pasadas ha eliminado por completo esta molestia crónica, se ha observado una notable mejoría en su nivel de bienestar. También su gota se ha aliviado. Y gran parte de su cólera ha sido reemplazada por una actitud más serena. Desde que regresó a algunas de sus vidas anteriores, han cambiado sus valores; su perspectiva de la vida y de lo que ésta significa es actualmente más amplia. Ahora que empieza a mermar su miedo a morir, lo que antes lo enfurecía le parece tonto, insignificante, irrelevante. Es un resultado común a muchos pacientes que se han sometido a la terapia de vidas pasadas.

Selma es una mujer de cuarenta y cuatro años, dueña de una imprenta. Como Jack, sufría más de una dolencia física crónica. Selma tenía una lesión cancerosa de la vulva que había sido extirpada varias veces, pero siempre se reproducía. Cuando vino a verme estaba aplicándose una crema de quimioterapia, sin efecto alguno. Mientras analizábamos su historial clínico y psicológico, Selma relató varios problemas físicos y emocionales de su vida. Sufría de alergias, salpullidos en la piel y úlceras estomacales. A los once meses se había quemado gravemente el muslo izquierdo, y se le practicó uno de los primeros transplantes de piel realizados en Norteamérica. Durante la niñez le hicieron varias operaciones quirúrgicas en el muslo, hasta acumular quinientos puntos de sutura. Después de una de esas operaciones, a los catorce años, el organismo de Selma reaccionó finalmente a todos los productos farmacéuticos que había ingerido y le salió una dolorosa erupción roja que le cubrió todo el cuerpo. Después de eso quedó muy debilitada, contrajo nuevas enfermedades físicas y mostró síntomas de intolerancia al sol. Por añadidura, el cáncer era herencia de familia. Su madre y su hermana habían muerto en los dos años anteriores: la primera, de cáncer cerebral; y la segunda, de cáncer de páncreas. Por otra parte, cuando era niña, Selma había sido objeto de abusos sexuales por parte de un tío.

Pese a sus muchos padecimientos físicos y emocionales, Selma se sometió a la terapia con la esperanza de que su vida podía cambiar. En la primera regresión se vio en la persona de un niño moreno, de trece años, al parecer habitante de una aldea feudal. Entró en esa vida en el momento de la muerte, cuando unos jinetes con armadura saqueaban y destruían su aldea. Un soldado le clavó la espada en el pecho y ella murió instantáneamente. Su espíritu abandonó el cuerpo de inmediato. Entonces experimentó una maravillosa sensación de estar flotando, y de encontrar paz y alivio al abandonar esa existencia terrenal.

Luego regresó a una vida de siglos atrás, en Holanda, y relató que un familiar que vivía en la casa había abusado de ella sexualmente. Reconoció a ese familiar como el tío que en su vida actual la había violado.

Los detalles de esos recuerdos pueden haber sido vagos y fragmentarios, pero su contenido emocional era muy vívido y dramático para Selma, sobre todo el del abuso sexual de la vida anterior. Al terminar la sesión se sentía serena y tranquila, sobre todo al analizar la historia de abusos por parte del holandés que ahora era su tío. Selma experimentó un gran consuelo al poder relacionar esos detalles en un esquema mental de causa y efecto. Al descubrir ese patrón, pareció también que se libraba en parte del residuo emocional de esa traumática experiencia infantil. Ocho días después, cuando se presentó a la sesión siguiente, me comunicó que su lesión cancerosa había mejorado. Aunque recalcitrante hasta entonces, se había reducido de manera espectacular y era mucho menos delicada.

También me dijo que, mientras tanto, había soñado con una tía suya que había muerto quemada a los dieciséis años, mucho antes de que Selma naciera. Ella se parece mucho a esa tía; según los familiares y las fotografías, incluso tienen marcas de nacimiento en común. Como el sueño es también un método habitual para recordar vidas pasadas, analizamos ese sueño antes de continuar la sesión.

Ese día, durante la regresión, Selma recordó haber sido enfermera en Londres, en una gran sala de hospital, probablemente en el siglo XIX. Mientras hacía la ronda, un soldado entró en el cuarto y le disparó en el estómago y el pecho. Esta sesión fue muy emotiva para Selma, que revivió la experiencia de muerte antes de comenzar a flotar. A partir de esa sesión su úlcera comenzó a mejorar. Una vez más experimentó lo que era, para ella, la liberadora clarificación de causa y efecto.

Tanto Jack como Selma pudieron establecer las conexiones mente-cuerpo mediante el recuerdo de vidas pasadas. Ambos descubrieron que la terapia de vidas pasadas no sólo puede provocar la mejoría de un estado físico, sino también curar cicatrices emocionales. En la terapia de vidas pasadas, así como la mente cura al cuerpo, el cuerpo también puede ayudar a sanar a la mente.

Otros médicos se han puesto en contacto conmigo para contarme detalles clínicos acerca de las experiencias de vidas pasadas de sus pacientes. El doctor Robert Jarmon, de Spring Lake, Nueva Jersey, me escribió porque tenía un paciente que, como Catherine, regresó espontáneamente a una experiencia traumática de una vida anterior.* Este paciente también se curó de sus síntomas. Este caso particular del doctor Jarmon ilustra también de qué modo los problemas físicos de vidas pasadas pueden trasladarse a la vida actual.

El doctor Jarmon había estado empleando la hipnosis para hacer adelgazar a una mujer judía de unos treinta y cinco años. Tras dos meses de terapia esta paciente comenzó a experimentar fuertes dolores en la zona abdominal inferior. Pensando que sus síntomas podían ser consecuencia de un embarazo ectópico, anormalidad peligrosa en la que el feto se desarrolla en la trompa de Falopio en vez de hacerlo en el útero, la envió a un ginecólogo. La zona próxima al ovario derecho estaba dolorida e hinchada. La mujer había dejado de menstruar, pero no estaba embarazada. Todas las pruebas resultaron negativas.

---

* El doctor Jarmon pensaba también que quizás él fuera el Robert Jarrod mencionado en *Muchas vidas, muchos maestros*. En trance hipnótico, Catherine me había dicho que «Robert Jarrod» necesitaba mi ayuda. Yo no tenía idea de quién era ni de cómo ayudarlo. Catherine nunca pudo suministrarme otras informaciones sobre él. Como hablaba en susurros, yo no estaba seguro de la ortografía del apellido y traté de reproducirlo fonéticamente. Aún estoy intrigado. Tal vez dijo, en realidad, «Jarmon».

Transcurridos cinco meses, los síntomas persistían. Durante una sesión de hipnosis, el doctor Jarmon, trabajando con ella sobre un problema psicológico, le indicó que «regresara al momento en que se inició su problema». El subconsciente de la mujer eligió el problema ginecológico.

El doctor Jarmon quedó estupefacto al oír que la mujer describía una escena de la Edad Media, en la que ella tenía diecinueve años y estaba en el quinto mes de embarazo. Estaba a punto de morir porque «el bebé se hallaba fuera de lugar». Había allí un médico y un sacerdote.

«Empezó a hablarme como si yo fuera el cura —informaba el doctor Jarmon—. Le respondí. Luego repitió el acto de contrición de los católicos, palabra por palabra. Apenas le quedaba aliento y finalmente describió su muerte.»

Pero la mujer es judía. Cuando salió de la hipnosis no reconoció ninguna de las palabras que acababa de pronunciar. Nunca había oído hablar del acto de contrición que los católicos usan para purgar sus pecados. Sus dolores abdominales habían desaparecido. Esa noche volvió a menstruar y el dolor no se ha repetido.

El componente espiritual de la terapia de vidas pasadas es también muy curativo. Cuando los pacientes comprueban personalmente que no se muere junto con el cuerpo, comprenden que, en realidad, tienen una naturaleza divina, que trasciende al nacimiento y la muerte. A partir de aquí suele aumentar su voluntad de vivir, de curarse, y tienen más fe en que la curación se producirá. Los pacientes descubren un poder superior que existe en todos nosotros y que nos ayuda a estructurar nuestra vida a fin de aprender y alcanzar nuestro potencial divino. Se vuelven menos nerviosos, más relajados. Pueden destinar más energía hacia el proceso curativo, alejándose del miedo y el sufrimiento.

La terapia de vidas anteriores también desarrolla unos rasgos de fortaleza que parecen estar relacionados con la buena salud, incluida una mayor resistencia a los efectos debilitantes de las enfermedades crónicas y un buen funcionamiento inmunológico. Esto estimula que el paciente sea más feliz, esté más sosegado y tenga la tendencia de aceptar los obstáculos como un desafío o una aventura. Los pacientes que se han sometido a la terapia de vidas pasadas para aliviar problemas físicos conciben más esperanzas; viven más plenamente y con más alegría. Son más independientes. Duermen mejor. La depresión cede.

Dana asistió a uno de mis pequeños talleres de trabajo y se quejó de un problema en la garganta. La sentía «llena de bultos», solía asfixiarse, sufría de infecciones respiratorias con frecuencia y estaba perdiendo la voz. En una regresión grupal tuvo un vívido y dramático recuerdo de haber vivido como hombre en la Italia renacentista; allí le habían clavado un puñal en la garganta, aunque desconocía la causa de ese asesinato.

Después de esa experiencia en el taller, Dana pidió cita para verme en privado. En el consultorio me contó que, cuando niña, había sido maltratada por sus padres. Durante la hipnosis volvió a revivir la experiencia de muerte en la Italia renacentista, que en esta ocasión fue menos dramática. Esta reacción es típica: cada vez que se revive una vida pasada la emoción es menos intensa y aumenta la posibilidad de penetrar más intensamente en la experiencia.

Durante esa sesión, Dana descubrió que había sido asesinada porque guardaba un secreto importante, que otros temían que revelara. Ella no había divulgado esa información por temor a las consecuencias. En esa oportunidad Dana prosiguió hasta la etapa de análisis de esa vida, después de pasar nuevamente por la muerte. Así comprendió que experimentaría opresiones de garganta y se pondría en peligro si no decía la verdad.

En la sesión siguiente, Dana regresó a una vida que parecía desarrollarse en una isla del Pacífico, posiblemente en la Polinesia o Hawai. Dana era una joven dotada de poderes psíquicos, que se ensimismaba en las danzas tribales. Tanto la absorbían que, cuando le encargaron vigilar una fogata, no cumplió con su obligación. Cuando el fuego se extendió fuera de control, no avisó a su pueblo, y la comunidad donde vivía quedó destruida. Una de las víctimas fue la mujer que en la actualidad es su madre y que de pequeña la maltrataba. El tema se reiteraba. Ella no había informado cuando debía hacerlo.

Después de estas sesiones sus síntomas mejoraron. Más aún: adquirió una perspectiva más amplia respecto a su madre. Pudo volver hacia atrás y ver en ella a alguien con quien había tenido distintas relaciones en muchas vidas pasadas. Como resultado le fue posible distanciarse de la tiranía a la que estaba sometida por la situación abusiva de la vida actual, que tan profundamente la había herido. Esa parte de su pasado comenzó a desempeñar un papel menos importante y a ejercer menos influencia en su presente. Dana aprendió también que debe decir la verdad, cualquiera que sea, ya sobre los abusos sufridos, ya sobre un detalle insignificante de la vida, pues los secretos son dañinos y hacen sufrir.

El proceso de curación que se presenta durante las sesiones de regresión no siempre lo abarca todo. A veces, es cuestión de descubrir el origen físico pasado de un dolor físico actual. El paciente que no necesite analizar asuntos emocionales complejos como parte del origen de su molestia física actual, no lo hará durante la terapia de vidas pasadas. La curación puede ser simple y directa.

Los dolores de cabeza crónicos figuran entre los diversos malestares que responden especialmente bien a la terapia de vidas pasadas. Carole, mi esposa, sufría de migrañas premenstruales desde hacía muchos años. Todos los meses, con la exactitud de un reloj, la atacaban fuertes migrañas que le impedían llevar una vida normal, con frecuencia debía pasar uno o dos días descansando, hasta que el dolor y la náusea se calmaban. Por añadidura, una lesión de cuello, sufrida en 1976 en un accidente automovilístico, no sólo exacerbó estos dolores, sino que le provocaba una migraña similar cada vez que servía una pelota en el campo de tenis o hacía ciertos movimientos con el brazo derecho por encima de la cabeza. Los períodos menstruales y los movimientos con la mano por encima de la cabeza le producían, invariablemente, un dolor de cabeza parecido a la migraña. Los ginecólogos y los neurólogos decían que nada podía curarla y que sólo era posible calmar el dolor con medicamentos.

A finales del verano de 1988 Carole sufrió una serie de migrañas especialmente fuertes. La meditación, que a veces le calmaba el dolor, no disminuía la intensidad de la jaqueca. Como ella no quería tomar drogas narcotizantes, pidió cita a un hipnoterapeuta para aprender técnicas hipnóticas con las cuales calmar el dolor. Yo había tratado una vez de hipnotizarla, pero nuestra intimidad impedía la distancia necesaria en una relación terapeuta-paciente. Carole se dejó caer en estado de trance, sin ninguna expectativa. Tras un período de relajación y de reducir las tensiones, el terapeuta le ordenó preguntarse por qué padecía esos dolores. Ante sus ojos pasó una escena. De pronto Carole se vio huyendo de una turba. Era un pobre campesino, vestido con sucias ropas de lona parda o negra. La época se remontaba a unos mil años atrás y la escena se desarrollaba en algún sitio de la Europa central. La muchedumbre la alcanzó y empezó a golpearla, castigándola por creencias y herejías para ellos inaceptables. Recibió un golpe junto al ojo izquierdo, el punto exacto en que su migraña era más intensa. De pronto, en el despacho del hipnoterapeuta, Carole comenzó a experimentar ese dolor punzante sobre el ojo izquierdo, desde donde se extendió rápidamente a todo el lado izquierdo de la cabeza. Carole comprendió que había muerto como consecuencia de los golpes. El terapeuta dijo:

—Usted ya no necesita ese dolor; deje que pase.

De inmediato el dolor desapareció. No hay modo de probar si se trataba en realidad de un recuerdo de vidas pasadas o no, pero desde esa sesión Carole no ha sufrido ninguna migraña más. Las fantasías y las ensoñaciones no curan síntomas tan graves. Con frecuencia, la terapia de vidas pasadas sí.

Tricia era una ingeniera de veintiocho años, que sufría de dolores en la articulación temporomandibular, migrañas y rigidez de cuello. Recordó una experiencia de muerte, en algún valle del Asia Menor, en el año 893 a. de C. En esa época había llevado una vida muy apacible y feliz, que me describió con todo detalle. Cuando le pedí que se mirara los pies, describió las sandalias que calzaba. A continuación pasó a otra vida en la que también era hombre y vivía en una cueva de Grecia. Esta vez, cuando le pedí que describiera su calzado, me dijo que llevaba sandalias de un estilo totalmente distinto. Tricia describió a un guerrero que estaba de pie ante ella, con una espada. El guerrero le atravesó la cara.

Al experimentar de nuevo su muerte, Tricia me dijo que el dolor que sentía en ese momento era muy similar a las migrañas que sufre en esta vida.

La rigidez de su cuello y el dolor de la mandíbula mejoraron gradual y significativamente después de su regresión. Las migrañas han disminuido, y ya no necesita tomar medicamentos.

La posibilidad de dejar de tomar medicamentos puede ser tan importante como la desaparición del dolor en sí. Alberto, médico especializado en radiología, sufría graves dolores de espalda y espasmos desde hacía muchos años. Los tratamientos médicos no habían podido aliviar el intenso dolor. Si Alberto no hubiera tenido una personalidad tan fuerte y positiva, habría podido sucumbir fácilmente al potencial adictivo de los potentes calmantes que necesitaba cuando se agravaban los dolores de su espalda.

Después de caer en un relajado trance, Alberto descubrió dos vidas pasadas en las que había sufrido heridas mortales en la espalda. Una fue especialmente reveladora. Cuando era soldado, varios siglos atrás, había muerto dolorosamente en un campo de batalla europeo; al recordarlo volvió a experimentar el dolor entumecedor de la herida fatal. La situación de esa herida correspondía exactamente con la fuente de sus dolores actuales. Después de la regresión, sus dolores y espasmos mejoraron rápidamente.

Una vez más, mente y cuerpo se habían unido para facilitar la curación. En el caso de Alberto, el resultado fue más focalizado que en muchos de los otros casos aquí descritos. Alberto vino para aliviar su dolor de espalda y logró su objetivo.

Aunque los resultados en este caso fueron muy específicos, influyeron decisivamente en su vida. Como resultado de la terapia de vidas pasadas, Alberto pudo dejar de tomar los fuertes calmantes que hasta entonces eran la única forma de aliviar su dolor.

Betty fue otra paciente que utilizó la terapia de regresión para poner fin a su dependencia de los medicamentos. Sufría de asma, alergias y debilidad del sistema respiratorio desde la infancia. Necesitaba inyecciones de adrenalina, dosis de esteroides y otras medicinas para controlar sus ataques y síntomas. Parecía destinada a pasar el resto de su vida acosada por esos terribles ataques de asma, dependiendo sólo de los medicamentos para respirar. Su personalidad y las circunstancias de su vida eran distintas de las de Alberto; se había vuelto adicta hasta a un descongestivo nasal.

Durante la terapia de regresión empezó a sofocarse y a jadear. Me relató que la estaban quemando en la hoguera, hacia finales de la Edad Media. El humo lo llenaba todo; se le estaban quemando los pulmones. Por fin Betty salió flotando de su cuerpo y quedó suspendida por encima de él y la multitud, observando la horrible destrucción de su cuerpo entre las llamas. Después de la regresión, su asma mejoró casi de inmediato. Aún me maravilla que síntomas tan graves, que la habían paralizado durante toda la vida, pudieran resolverse literalmente de la noche a la mañana. Me parece milagroso. Sin embargo así fue, junto con la mayoría de sus otras alergias. Después de su experiencia, Betty dejó muy pronto el descongestionante adictivo, sin experimentar como consecuencia mas que una mínima congestión. No sólo desapareció la dolencia, sino que la calidad de su vida mejoró incalculablemente. Sus miedos disminuyeron de modo notable.

Betty no es la única de mis pacientes que se ha curado de alergias o problemas respiratorios crónicos mediante el recuerdo de una experiencia de muerte que incluye el abrasamiento de los pulmones o la sofocación. Como las migrañas, el asma, las infecciones respiratorias y las alergias son dolencias físicas de la vida actual que parecen originarse en experiencias sufridas en vidas anteriores. Los traumas físicos pasados parecen dejar residuos físicos en el presente.

Lacey era una profesora de secundaria, de unos cuarenta y ocho años, que tenía un largo historial de asma e hidrofobia. Durante nuestra primera sesión regresó directamente a una escena de muerte en la que ella era una niña de ocho o nueve años que caía de un acantilado y se ahogaba. Su experiencia más vívida de ese hecho era sensorial: el frío y la asombrosa profundidad del agua. Muy pronto comenzó a flotar apaciblemente fuera de su cuerpo. A continuación se encontró recordando una vida en la que había sido una esclava de once o doce años, en el antiguo Próximo Oriente. En esa vida su tarea consistía en ayudar a hacer ladrillos con heno o paja mojados. Lacey murió a esa edad, al caer sobre ella un carro de paja mojada que la sofocó. Al recordar la experiencia de muerte, relató la agonía, el pánico y el terror que experimentó al descubrir que ya no podía respirar. Esa experiencia de muerte fue muy distinta de la primera. Desde esa sesión su estado asmático ha mejorado notablemente, a tal punto que, por primera vez en su vida, pudo pasar por toda una estación del año en la que normalmente tenía muchas alergias sin tomar medicación alguna ni experimentar síntomas.

Anne, enfermera de la unidad de vigilancia intensiva, notó una mejora en sus alergias respiratorias con el recuerdo de una vida anterior que surgió espontáneamente durante unas vacaciones. Mientras visitaba París con su esposo, por primera vez, comenzó a sentirse nerviosa sin motivo aparente. Al aumentar su nerviosismo cayó también en la cuenta de que, de algún modo, podía orientarse por el distrito histórico que estaba visitando. Le era fácil recorrer sus calles y callejuelas. De pronto, al virar en una esquina, vio una pequeña plaza al final de la calle y tuvo una sensación de *déjà vu*. Se vio quemada en la hoguera, varios siglos antes, debido a sus poderes de curación psíquica. Entonces Anne vino a mi consultorio para analizar esa experiencia mediante la terapia de hipnosis. En el marco de la terapia estructurada, Anne recordó el calor abrasador y cómo había muerto al inhalar el denso humo de la hoguera. No eran sus alergias respiratorias recurrentes lo que la había llevado a buscar una terapia, sino el recuerdo espontáneo. Pero esta enfermera me reveló, más adelante, que sus alergias presentaban una notable mejoría tras haber analizado ese recuerdo.

Otro de los pacientes del doctor Jarmon, una ejecutiva de cincuenta y un años, se sometió a la hipnosis para buscar el origen de sus problemas respiratorios. Se llamaba Elizabeth.

—Ahora quiero que regrese a una antigua escena —le indicó el doctor Jarmon—. Quiero que vuelva a la primera vez en que experimentó la imposibilidad de respirar, la sensación de no poder tomar aliento. Cuando vea esa escena, descríbala.

Elizabeth se echó a temblar e hizo una mueca de dolor.

—Allí está —dijo el doctor Jarmon—. Quiero que se mire los pies. ¿Qué calzado lleva?

—Zapatos oscuros —dijo ella, con voz infantil—. Zapatos de anciana.

El doctor siguió ahondando.

—¿Dónde está usted? ¿Qué hace?

—Coso. Pero sé lo que va a pasar. Va a declararse un incendio. —Elizabeth tartamudeó y empezó a toser. Su respiración se tornó rápida y leve—: Arden... los trapos amontonados en el rincón.

Elizabeth se describió como una muchacha de dieciséis años llamada Nora, que vivía en Sterling, Massachusetts, en 1879. Nora trabajaba en una fábrica de camisas. Era sorda, no sabía hablar y usaba aparatos en las piernas. Trabajaba en esa fábrica desde los doce años.

—¡Humo... llamas! —tosió—. Están tratando de apagarlo... a golpes. Lo golpean. Alguien arroja agua, pero no hay suficiente —exclamó. Su respiración se hizo muy dificultosa—. Todo el mundo está tratando de salir —balbuceó.

—¿Y usted? ¿No trata de salir? —preguntó el doctor Jarmon.

—No puedo —respondió ella—. ¡Nadie me ayuda!

—¿Por qué necesita ayuda?

—No puedo caminar... Tengo aparatos en las piernas —exclamó Elizabeth, sofocada—. Ni siquiera me ven. Estoy allí. No puedo respirar. No soporto más —barbotó.

De pronto su cuerpo quedó laxo. Después de varios minutos en tenso silencio, el doctor Jarmon le pidió que describiera la escena.

—¿Sigue el incendio? —preguntó.

—Sí... pero yo descanso... estoy muerta... todavía enferma... debo descansar. Algunos necesitan más descanso que otros. Pero está bien. Ahora hay paz.

Los problemas respiratorios de Elizabeth desaparecieron tras la regresión a su muerte en el incendio. Perdió el miedo a sofocarse que había tenido toda la vida. Sus valores morales y su existencia cambiaron drásticamente.

Todos estos casos y muchos otros demuestran que hay algo más aparte de la mayor fuerza que obtenemos por medio de la clara conciencia de nuestra divinidad inherente y del elevado poder que nos guía a través de la vida. Hay algo más, aparte del fortalecimiento del sistema inmunológico que se logra al vivir la existencia más a fondo, con más alegría, con resistencia y potencia. También se produce una mejoría en nuestras dolencias al comprender las verdaderas raíces de nuestros síntomas, nuestros miedos, nuestras debilidades y dependencias.

Cuando se ven y experimentan las razones esenciales, cuando se comprenden y se resuelven, los síntomas desaparecen. Las enfermedades mejoran. Se arranca la astilla y el dolor ya no existe. El drama recurrente finalmente ha terminado. No hay ninguna necesidad de proyectar, defender, anestesiar, utilizar drogas, seguir enfermos. Tal vez por eso la terapia realizada en ese estado, con una perspectiva más amplia, parece ser sumamente eficaz. El aprendizaje se produce a un ritmo muy acelerado. A veces no es necesaria siquiera la regresión a la infancia o a una vida pasada. Cuando la terapia se realiza en un estado relajado, meditativo, más «elevado», el aprendizaje, la asimilación y la mejoría suelen producirse con bastante celeridad.

Los beneficios de ese estado «elevado» se pueden experimentar en otros tipos de terapia, aparte de la de vidas pasadas. He utilizado algunos de los elementos de esta terapia en la psicoterapia tradicional que realizo con algunos de mis pacientes no regresivos. Indico al paciente que cierre suavemente los ojos y que aspire hondo unas cuantas veces, dejando que el cuerpo se relaje por completo. Luego conversamos terapéuticamente. La visión del paciente no se dirige hacia fuera, sino hacia dentro. Hay menos imágenes y pensamientos que distraigan. La concentración se focaliza. Se puede llegar al subconsciente e influir sobre él de una manera positiva, de modo que lo cure.

Con frecuencia, el paciente se encuentra con imágenes visuales que acompañan a los pensamientos y emociones repasados. Estas imágenes parecen ser muy importantes y relacionarse de modo directo con los síntomas o los bloqueos que el paciente experimenta. Analizamos en conjunto el significado de estas imágenes, ya sean simbólicas o fragmentos de recuerdos reales. Eso intensifica el aprendizaje y la mejoría clínica.

Evelyn padece una forma especialmente virulenta de cáncer de mama premenopáusico, que ha hecho metástasis. Apenas dos años antes de que se efectuara el diagnóstico, Evelyn sufrió una intensa aflicción cuando su hermana murió de cáncer. Cuando vino a verme ya había pasado por muchas sesiones de radiación y quimioterapia. Se había sometido a una menopausia quirúrgica para anular cualquier influencia hormonal en el cáncer. Estaba abatida y empezaba a perder las esperanzas; su curso clínico iba de mal en peor.

En estado hipnótico arreglamos algunos viejos problemas familiares. En ese estado de hipnosis, superconsciente, Evelyn se encontró con su hermana fallecida. Conversaron, se abrazaron y se expresaron su mutuo amor, sabiendo que «siempre» estarían unidas de algún modo. Evelyn comprendió que su hermana no había muerto, que no había hecho sino abandonar el cuerpo.

A continuación visualizó luces como rayos láser que atravesaban sus tumores, purificando el cuerpo y aportando una gran cantidad de energía a su sistema inmunológico. Aparecieron unos espíritus-guía que ayudaron a dirigir los disparos de láser.

Evelyn comenzó a mejorar. Aumentó de peso y su enfermedad empezó a remitir. Recuperó las esperanzas; luchaba por vivir, el dolor y la depresión desaparecieron rápidamente. La alegría y la paz retornaron a su vida.

¿Su mejoría se debió a la hipnosis y a las visualizaciones curativas? El curso cronológico de los hechos parece indicar que existe una correlación. También intervinieron otros factores. Los oncólogos pudieron aumentar las dosis de quimioterapia, puesto que ella se sentía mejor y con más fuerzas. Tal vez el aumento de medicación fue el factor crucial. Sin embargo, sin la hipnosis y las visualizaciones, no habría tolerado mayores dosis de las fuertes drogas usadas en quimioterapia.

En un estudio publicado en *The Lancet*, prestigioso periódico de Gran Bretaña especializado en medicina, ciertos investigadores médicos descubrieron que si se combinaba determinada dieta con ejercicio y técnicas que redujeran las tensiones se podía revertir la obstrucción de las arterias coronarias. Un cambio de dieta y hacer ejercicio no bastaba para curar las enfermedades cardíacas. Disminuir las tensiones era un factor necesario, más importante de lo que se creía en un principio.

El doctor Claude Lenfant, investigador del Instituto Nacional del Corazón, Pulmones y Sistema Circulatorio de Bethesda, Maryland, afirmó que estos cambios en el esti-

lo de vida «pueden comenzar a revertir incluso las enfermedades coronarias más serias después de un solo año, sin el uso
de drogas que reduzcan el colesterol». Las técnicas de relajación son muy importantes.

«Este hallazgo indica que las recomendaciones conven-
cionales... pueden ser suficientes para prevenir las enfermedades cardíacas, pero no curarlas», comentó el doctor Dean
Ornish, que coordinó la investigación.

En otro estudio que analizaba los casos de más de mil
personas que habían sufrido ataques cardíacos, algunos investigadores de la Universidad de Stanford presentaron un
informe en el Congreso Internacional de Medicina Conduc-
tista, que se celebró en Upsala, Suecia. Descubrieron que la
ansiedad, el miedo, la hostilidad y el enfado son características psicológicas que predisponen a la gente a un segundo ataque cardíaco. Lo interesante es que la ansiedad y el temor
parecen más perjudiciales para las mujeres, mientras que la
hostilidad y la cólera dañan más a los hombres.

Para eliminar tensiones, estrés, miedos y fobias se emplean la relajación, la visualización, las imágenes y la regresión, de una manera holística; las ramificaciones de la salud
parecen interminables.

Necesitamos investigar mejor el continuo del cuerpo-
mente-cerebro-sistema inmunológico. ¿De qué modo las actitudes y determinados estados de ánimo ayudan a prevenir,
mejorar y a veces curar adicciones, enfermedades crónicas,
cánceres, dolencias cardíacas o autoinmunológicas y otros
males?

Según mi experiencia y la de muchos otros médicos, la terapia de regresión y la visualización hipnótica pueden transformar la mente para llegar a esos estados curativos. Estos métodos se pueden usar conjuntamente con los enfoques médicos
y los medicamentos tradicionales. No se excluyen mutuamente
de ningún modo, tal como demuestra el tratamiento de muchos
de los pacientes mencionados en este capítulo.

He aquí un último ejemplo. Frances, una mujer de unos cuarenta y cinco años, recurrió a mí para trabajar algunos temas de sus relaciones personales. Recientemente le habían diagnosticado dos tumores en la mama derecha. Los bultos eran sólidos y estriados; no se trataba de quistes llenos de líquido que aparecen y desaparecen en diferentes etapas del ciclo menstrual. En la entrevista preliminar tomé nota del historial clínico y psicológico de Frances y concertamos una segunda cita.

Frances se presentó a esa segunda entrevista muy agitada. Había consultado a un oncólogo por los bultos que tenía en el pecho, que posiblemente eran cancerosos. Cuando el oncólogo trató de efectuar una biopsia de aguja en las masas, Frances se desmayó. Los médicos decidieron que era necesario extirpar quirúrgicamente los dos bultos; Frances estaba muy preocupada, no sólo por la posibilidad de que resultaran cancerosos, sino también porque había tenido una mala experiencia anterior con la anestesia general, similar a un caso de cuasi-muerte, y temía que se repitiera.

Durante nuestra sesión hicimos un trabajo de visualización con luces curativas, tal como había hecho con Evelyn y con muchos otros pacientes. Le di a Frances una cinta grabada con una meditación relajante y curativa, sugiriéndole que hiciera el mismo trabajo en su casa. Luego acordamos otra cita para la semana siguiente. En esa tercera oportunidad Frances tenía algo asombroso que contarme. Un lunes por la mañana se había presentado para operarse, según lo planeado. Como parte de los preparativos para la cirugía, el radiólogo le tomó una última radiografía de mama.

Al observar la película descubrió que los bultos, presentes en un examen anterior realizado apenas tres días antes, habían desaparecido por completo.

El sorprendido médico ordenó de inmediato una mamografía de urgencia. El resultado fue el mismo. No había bultos.

Mientras Frances yacía en la mesa de operaciones, con una aguja intravenosa en el brazo, el radiólogo le comunicó al cirujano los resultados de los análisis y le mostró los datos.

El cirujano de Frances contestó que de todos modos iba a operar, basándose en la última serie de radiografías.

Los dos médicos mantuvieron una discusión frente a la paciente sedada, que esperaba en la mesa de operaciones. El cirujano era muy reacio a cambiar de opinión y se negaba a aceptar la nueva evidencia, aunque el radiólogo, profesional responsable, demostraba con dos pruebas independientes y muy fiables que los tumores de Frances habían desaparecido.

Por fin la paciente decidió intervenir en el asunto.

—No hay ningún bulto —dijo—, así que me voy a casa.

Más adelante me envió una tarjeta postal en la que decía:

> Gracias por la cinta de regresión meditativa. Soy una «prueba viviente» de que las luces curativas dan resultado. Hoy se ha producido un milagro cuando me han hospitalizado para la operación. Ambos tumores habían desaparecido entre el viernes y el lunes. ¡Estoy completamente curada! (asombroso e impactante, ese asunto de la «luz blanca»).
>
> ¡Ahora todos mis amigos y parientes creen también en sus efectos y quieren copias de la grabación! Todos los escépticos, incluido mi esposo, comienzan a prestar oídos al valor de la meditación, etcétera. Siempre recordaré este Hanukkah como un «punto decisivo» de mi vida. ¡Y siempre celebraré el «Festival de las Luces» con un nuevo significado!
>
> P.D.: Ansío pasar por experiencias aún más maravillosas en cuanto a la SALUD.

Las experiencias de Frances pueden ser mucho menos insólitas de lo que se piensa.

El poder transformador de las actitudes mentales, que se consigue mediante la regresión hipnótica a vidas pasadas y la visualización, puede ser un legítimo medio práctico para quienes ejercen la medicina tradicional. Son fuerzas seguras y muy curativas, sin efectos colaterales, puesto que se trata de fuerzas de naturaleza básicamente espiritual e intuitiva. Es, en realidad, medicina holística.

5

Curación de relaciones turbulentas

Dan, un ejecutivo de unos treinta y ocho años, decidió someterse a la terapia por diversos motivos, uno de los cuales era su relación con Mary Lou, apasionada, pero turbulenta. Dan es un italonorteamericano de Boston, inquieto, inteligente e idealista.

Mary Lou proviene de Carolina del Sur y posee una cultura y una educación religiosa muy diferentes. Su relación se inició con una fuerte, inmediata y apasionada atracción mutua. En eso no tenían problemas.

El problema se inició debido a los coqueteos de la muchacha. Cuando Mary Lou tomaba un par de copas perdía el control, aunque generalmente era muy estricta en su conducta. En esa situación disfrutaba abrazando a sus amigos; les tocaba el pelo, les acariciaba el cuello y los besaba al llegar y al despedirse. Sin embargo, eso era todo; nunca se comportaba de modo provocativamente sexual. No tenía ningún amorío; sólo coqueteaba, y siempre en público.

Dan se enloquecía. Se enfadaba, le gritaba y le exigía que se respetara más, que actuara con más decoro. Apenas podía dominar sus arrebatos de ira. Su reacción emotiva trascendía del concepto del machismo o del orgullo masculino y la posesividad propia de su cultura. La cólera de Dan excedía cualquier reacción personal que hubiera tenido previamente con otras mujeres. Había pasado por un divorcio, había tenido muchas aventuras casuales y varias relaciones prolongadas, pero con las otras mujeres nunca había sentido nada como esa cólera.

Dan y yo dedicamos varias semanas a hablar de su enfado. Un jueves por la tarde se presentó a la consulta sufriendo un acceso de cólera. ¡Ella lo había hecho otra vez! Durante una cena, Mary Lou había coqueteado con uno de sus amigos comunes. Dan tenía ganas de «arrancarle el alma» y Mary Lou se atemorizó.

Por lo demás ambos eran profesionales sofisticados y maduros, pero ella no podía dejar de beber, coquetear o provocarlo, mientras que él se ponía siempre furioso como un toro; su reacción resultaba muy desproporcionada para ese «delito».

Durante treinta minutos Dan y yo hablamos de la fiesta, de la conducta de Mary Lou y de la suya propia. Al repasar mentalmente la escena, él no pudo dominar su cólera.

—¿Por qué sigue haciendo eso? —decía indignado, golpeando el escritorio con el puño—. ¿Qué es lo que busca? ¿Acabar con la relación?

Significativamente, Mary Lou estaba dispuesta a adoptar la religión de Dan en consideración a sus relaciones. Y habían comenzado a planear la boda.

Dialogando no llegábamos a ninguna parte. De nada servía dar rienda suelta a sus enfados, sus miedos y otros sentimientos, pues sus emociones estaban demasiado alteradas. Cuando le hice una sugerencia, él se mostró dispuesto a aceptarla.

—Tratemos de llegar a la verdadera fuente, a la raíz de sus relaciones. Tal vez usted haya tenido una novia como Mary Lou. Tal vez haya algo más profundo. Averigüémoslo.

Dan se dejó hipnotizar; pronto estaba en un profundo trance hipnótico. Le dije que permitiera que su mente recordara el origen del problema en sus relaciones, que regresara a las causas.

Nunca sé qué esperar cuando utilizo ese enfoque no directivo. Por muchos pacientes que haya sometido a la regresión de este modo, los resultados aún me inspiran sorpresa y humildad.

Su cuerpo, que en el trance había quedado muy relajado y apacible, volvió a ponerse tenso. Parecía estar escuchando algo.

—Oigo a mi primo —susurró ese ejecutivo triunfador—. ¡Lo veo! Lleva una túnica blanca y tiene una barba oscura. Junto a él está mi tío. Me están hablando.

Tanto el tío como el primo habían muerto muchos años antes.

—¡Me dicen que la deje! Me dicen: «Déjala. Ella necesita evolucionar, superar sus actitudes y sus dificultades. Pero esto es por su bien, por su desarrollo, no por ti o por tu comodidad. Es una prueba de amor. Después podrá volver a ti, cuando haya superado sus aspectos negativos.»

Había más.

—Ahora te lo mostraremos —dijeron los familiares.

De pronto, Dan vio con asombro y horror una serie de vidas pasadas con su amante, que desfilaban ante los ojos de su mente.

—¡La estoy apuñalando con una larga daga! —observó, angustiado—. Me ha sido infiel y en un arrebato de ira la he matado.

Esto ocurrió alrededor del siglo VII u VIII, cuando él era un guerrero, uno de los primeros seguidores de Mahoma.

Dan también había matado a Mary Lou en otras dos vidas anteriores. En algunas otras la abandonó, generalmente en situaciones horribles o peligrosas. Por ende, ya la había matado tres veces y abandonado varias más, pero Mary Lou continuaba surgiendo en cada vida nueva como un ave fénix, dispuesta a repetir el mismo papel.

En total, Dan encontró a Mary Lou repitiendo ese mismo modelo en seis vidas, por lo menos. Eran sólo aquéllas en que él, siempre el hombre de la pareja, la mataba o rechazaba, y ella era la mujer. En regresiones posteriores descubrimos que los dos habían mantenido también otras relaciones familiares, de amistad o enemistad, con los sexos y los papeles a veces cambiados.

La ira y el enfado de Dan desaparecieron por completo. En menos de una hora sintió más amor y más ternura hacia Mary Lou que la que había podido sentir y expresar desde el comienzo mismo de su relación en esta vida.

Más adelante habló con Mary Lou sobre la sesión de regresión y trató de «dejarla». Ella no quiso, estaba dispuesta a hacer todo lo necesario pero manteniendo la relación, sin cortar físicamente el vínculo. Dan comprendió que «dejarla» no significaba necesariamente «apartarla». Había muchas otras maneras de hacerlo.

También comprendió, al descubrir éste y otros patrones de vidas pasadas, que su «guerrero» necesitaba la fuerza que proviene del amor, la compasión, el conocimiento y la comprensión. Necesitaba la fuerza derivada de la sabiduría, la esperanza y la fe, y menos la pseudofuerza de la furia y la ira.

Comprendió también que su tío y su primo aún vivían, aunque sus cuerpos hubieran muerto. Ahora sabía, en lo más íntimo de su corazón, que él tampoco moriría jamás.

Mary Lou y Dan se casaron al cabo de un año. Desde entonces hasta el momento de escribir esto han pasado dos años. Su problema de comportamiento no se ha vuelto a repetir. Él ha dejado de culparla a ella de todo y Mary Lou ya no lo provoca. La comunicación entre ambos es mucho mejor que en los dorados días en que se conocieron, porque han aprendido una importante lección sobre la cólera. Han comprendido lo destructivos, además de duraderos, que pueden ser los patrones negativos. Ahora, en cuanto alguno de los dos percibe un problema, por pequeño que sea, lo discuten y tratan de resolverlo. Como pareja, Dan y Mary Lou tienen realmente la capacidad de comunicarse gozosa, profunda e íntimamente.

Algunas de las experiencias más difíciles y estimulantes de la vida se presentan en el contexto de las relaciones de pareja y familiares, que también son algunas de las relaciones más plenas y afectuosas. Vivimos en el cuerpo y nos expresamos a través de nuestras relaciones. Así es cómo nos comunicamos los humanos. Es nuestro método primario para aprender y evolucionar.

A lo largo de mi experiencia he descubierto que muchos de los conflictos graves y crónicos que los terapeutas encuentran en la terapia de pareja, conyugal o familiar, en realidad tienen sus raíces en vidas anteriores. La terapia que explora otras vidas, además de la actual puede resolver relaciones conflictivas que se resisten a las técnicas habituales, como ocurría con Mary Lou y Dan. Cuando buscamos la raíz del problema o extendemos el tratamiento más allá del limitado período de la relación actual, se puede minimizar e incluso evitar el sufrimiento. Con frecuencia, el enojo, el odio, el miedo y muchas otras emociones y conductas negativas que se manifiestan en las relaciones actuales pueden haberse iniciado siglos atrás.

Diana, una adinerada mujer de cuarenta años, originaria de Filadelfia, vino a verme porque sufría una depresión crónica. Al avanzar en la terapia me convencí de que el origen de su desdicha se hallaba en la relación tumultuosa y constantemente hostil con su hija.

Mi paciente había sentido antipatía por esa hija desde el mismo instante en que alzó en brazos a la recién nacida. Al nacer sus otros tres hijos no había sentido ninguna de esas inquietantes emociones; por el contrario: esos nacimientos se habían caracterizado por la alegría y el regocijo. Diana quedó perpleja ante su inmediato rechazo de Tamar, quien ahora tenía dieciocho años. Cuando comenzó la terapia hacía casi dos décadas que las dos eran consumadas enemigas. Su relación estaba salpicada de frecuentes y violentas disputas, que generalmente se iniciaban por algo trivial.

Durante la terapia de regresión, Diana reveló que había sufrido una hemorragia que casi le causó la muerte justo antes de nacer Tamar. Se recordó flotando fuera de su cuerpo, mientras el esposo, aterrado, corría en busca de los médicos. Luego había experimentado un clásico episodio de cuasi-muerte.

Pensé que, después de esa sesión, las relaciones mejorarían. Tal vez la paciente alimentaba un odio inconsciente o subconsciente hacia su hija porque su nacimiento había estado a punto de matarla. Ese recuerdo de regresión podía haber proporcionado la catarsis necesaria para desechar las emociones negativas.

Sin embargo, en la siguiente sesión Diana me dijo que su relación con Tamar continuaba siendo tan tormentosa como antes. Intentamos nuevamente la terapia de regresión, esta vez con más éxito. Los recuerdos de Diana revelaron que esa vieja animosidad, compartida por madre e hija, no tenía su origen en la experiencia del nacimiento, sino en una vida pasada. En ella Diana y Tamar no habían sido parientes, sino consumadas rivales que competían por el amor de un mismo hombre. El hombre en cuestión era ahora el esposo de Diana y el padre de Tamar.

Obviamente, las dos rivales continuaban peleándose en sus encarnaciones actuales.

Las relaciones entre madre e hija mejoraron un poco después de este recuerdo de su rivalidad en una vida anterior. Diana no habló con Tamar del episodio, pues no le resultaba fácil compartir esa experiencia tan fuera de lo común. Pero cuando Tamar se sometió a una regresión a vidas pasadas con otro terapeuta, en otro estado, regresó a la misma vida anterior con los mismos detalles. Entonces Diana quedó tan impresionada que reveló a su hija su propia experiencia.

Con esa nueva percepción, asombrosa y esclarecedora, la relación entre ambas superó finalmente el interminable guión fijo de competencia y hostilidad. Ahora Diana y Tamar son buenas amigas.

En una soleada y húmeda mañana de octubre partí hacia la oficina, después de llevar a Amy, mi hija, a la escuela. Al salir me despedí de Carole con un abrazo.

—No te olvides de trabajar en el capítulo de las relaciones —me recordó ella.

Habíamos pasado algunos ratos del fin de semana conversando sobre las relaciones íntimas y la terapia de pareja, analizando el efecto de los vínculos establecidos en vidas pasadas sobre la relación actual. Carole sabía que yo pensaba pasar un rato, al terminar la jornada, anotando nuestros pensamientos y conclusiones.

A las once entró mi único paciente «nuevo» del día. Se las había arreglado para convencer a mi secretaria de que le diera hora saltándose mi lista de espera; por fin había llegado el día de su cita. Después de atenderla me quedé pensando en que no existen las coincidencias.

Martine, de treinta años, madre de dos hijos, dijo que su único problema era un «horrible» matrimonio de siete años. Su niñez había sido feliz y aún mantenía con sus padres una relación maravillosa. Sus hijos, una niña de cuatro años y un varón de dos, eran su alegría. Le gustaba su casa y tenía muchos amigos. Disfrutaba de su empleo en el consultorio de un dentista.

Sin embargo Hal, su marido, se mostraba constantemente crítico, exigente y negativo. Encontraba mal todo cuanto

Martine hacía y no perdía oportunidad de criticarla o degradarla. Era para ella como un peso muerto, un ancla atada a su cuello; sin embargo, ella insistía en tratar de que el matrimonio funcionara. Ya se habían separado varias veces; dos, durante el segundo embarazo. En esa ocasión Martine no quería tener otro hijo, pero él «presionó y presionó». Y luego la abandonó. Al cabo de un tiempo volvió, abrumado por los remordimientos, pero pronto la dejó otra vez. Martine parecía aceptar pasivamente la situación, la conducta de Hal y sus ultimátum. La psicoterapia individual y de pareja no había mejorado en absoluto la discordia conyugal.

Varias semanas antes de nuestra sesión en el consultorio, Martine había asistido a un taller de trabajo que presenté en Miami. En él enseñé a un grupo de unas doscientas personas a visualizar y experimentar regresiones en estado hipnótico. Llevé dos veces a todo el grupo en un viaje por vidas pasadas. Ellos mantenían los ojos cerrados y los cuerpos totalmente relajados, mientras mi voz los llevaba a recordar detalles de la infancia y luego más allá, hasta los recuerdos de una vida anterior.

Durante esos ejercicios Martine había llegado a un estado de profunda relajación. Se sentía serena y apacible. Recordó su infancia en esta vida, pero no fue más allá. No tenía ningún recuerdo de vidas anteriores. No veía nada.

Martine había comprado una cinta grabada para hacer los ejercicios en su casa. En la cinta, mi voz dirige los procesos de relajación y regresión. (En el apéndice de este libro hay una versión escrita modificada.) Cuando Martine escuchaba la grabación en su casa podía relajarse profundamente y, a veces, incluso se dormía. Pero todavía no conseguía recordar ninguna vida pasada.

En mi consultorio cogí el historial clínico y psicológico de Martine; luego la hipnoticé hasta un nivel profundo. A diferencia de lo que había sucedido durante el taller de trabajo o mientras escuchaba la grabación, en esta ocasión pudo responder a mis preguntas y yo la guié más cuidadosa y específicamente. Cuando le pedí que buscara un recuerdo agradable de su infancia, retrocedió con facilidad a su quinto cumpleaños.

—Veo a mis padres y a mis abuelos. Hay muchos regalos alrededor. —Martine sonreía al rememorar aquello. Obviamente era un recuerdo muy feliz—. Mi abuela hizo el pastel de chocolate que hace siempre. La puedo ver.

—Abra algunos regalos para ver qué ha recibido —le sugerí.

Ella, encantada, retiró algunas envolturas brillantes y se encontró con ropas, una muñeca nueva y mucho más. En su cara radiante era visible la alegría de una niña de cinco años. Decidí continuar.

—Ya es hora de retroceder más, hasta un momento en que usted haya vivido con su esposo o con cualquier otro miembro de su familia. Retroceda hasta el momento en que surgen los problemas conyugales que tiene ahora.

Inmediatamente Martine frunció el entrecejo. Luego empezó a sollozar y lloriquear.

—Tengo mucho miedo. Está oscuro, muy oscuro. No veo nada. Tengo miedo. Está pasando algo terrible.

Su voz era aún infantil. Pensé que Martine estaba en algún vacío, entre dos vidas. Pero ¿por qué tanto miedo? Me sentí confundido.

—Voy a darle unos golpecitos en la frente, contando hacia atrás, de tres a uno. Cuando yo diga uno, usted verá dónde se encuentra.

Dio resultado.

—Soy una niñita. Estoy sentada ante una gran mesa de madera, en un cuarto grande. No hay muchos muebles en la habitación; en realidad, sólo la mesa. Estoy comiendo de un cuenco, que contiene algo así como avena. Tengo una cuchara grande.

—¿Cómo se llama?

—Rebecca —respondió ella. No sabía qué año era. Pero más tarde, al morir en esa vida que estaba recordando, estableció que era el año 1859.

—¿Está usted sola? ¿Dónde están sus padres?

—No puedo... no... —Se echó a llorar otra vez—. Mi padre está allí, pero mi madre no. Ha muerto. ¡La maté yo!

Pasó a explicar que la madre había muerto al nacer Rebecca. El padre culpaba a la niña por la muerte de su esposa.

—Me trata horriblemente. Me pega y me encierra en el ropero. ¡Tengo mucho miedo! —exclamó.

Entonces comprendí por qué Martine había tenido tanto miedo de estar en el vacío oscuro que viera momentos antes. Al fin y al cabo no era un vacío. Se trataba de una niñita aterrorizada, encerrada en un ropero oscurísimo. ¿Cuántas horas la habían obligado a sufrir en la oscuridad?

El padre de Rebecca era leñador y trabajaba con un hacha. La trataba como a una esclava; le daba largas listas de quehaceres domésticos, la criticaba sin cesar, la golpeaba y la encerraba en el temido ropero. Martine, entre lágrimas, reconoció en el hombre a Hal, su esposo en la vida actual.

Rebecca nunca abandonó a su padre. Pese a esa conducta constantemente cruel y carente de amor, se mantuvo a su lado hasta que él murió.

La llevé hacia delante en el tiempo, hasta la muerte del padre. Ella tenía alrededor de treinta años. Muerto él, le pregunté a Martine qué sentía.

—Alivio... sólo un inmenso alivio. Me alegro mucho de que se haya ido.

Tras la muerte del padre, Rebecca se casó con Tom, un hombre que la trataba estupendamente. Reconoció en Tom a su hijo en la vida actual. Aunque el esposo quería tener hijos, Rebecca no se los dio, temiendo morir en el parto, como su madre. Aun así fueron muy felices. Tom fue el primero en morir. Luego, Rebecca. La llevé hasta el último día de su vida.

—Estoy en la cama. Soy una anciana de pelo gris. No tengo miedo. Voy a reunirme con Tom. —Murió y flotó por encima de su cuerpo.

—¿Qué aprendió usted en esa vida? —le pregunté.

—Que debo hacerme valer —respondió de inmediato—. Debo hacer lo que me conviene... cuando tengo razón... y no seguir sufriendo sin necesidad. Debo hacerme valer.

Al salir del estado hipnótico y recordarlo todo, Martine estaba en éxtasis. Se sentía más fuerte, aliviada y más ligera, como si por fin le hubieran quitado un enorme peso de encima.

—He estado repitiendo el mismo esquema —comentó, radiante—. ¡No tengo por qué seguir haciéndolo!

Noté que realmente estaba estremecida por el entusiasmo de su descubrimiento.

Cuando salió de mi consultorio yo no sabía qué iba a ser de su matrimonio. No obstante, pasara lo que pasase, ella impondría más condiciones en su relación conyugal. Se mostraría mucho más segura de sí misma y se haría valer.

Todo le saldría bien.

Martine me llamó dos meses después. Se sentía estupendamente y su matrimonio había mejorado mucho desde la regresión. Era «mucho más fuerte». Tal vez como reacción a esa nueva fuerza, Hal la trataba con más consideración. O tal vez, al enterarse de los detalles de la regresión y del papel que a él le correspondía en el patrón recurrente, en su interior se había despertado algún recuerdo distante.

En la vida aprendemos a expresar y recibir amor, a perdonar, a ayudar y ser útiles, por medio de las relaciones.

Por las experiencias que algunos de mis pacientes tienen en el estado «entre dos vidas», he llegado a creer que en realidad elegimos nuestra familia para cada existencia antes de nacer. Escogemos vivir según patrones que nos permitirán un máximo crecimiento, con las almas que más acertadamente pongan de manifiesto esas situaciones en nuestra vida.

Con mucha frecuencia se trata de almas con las que hemos tratado y hemos obrado recíprocamente de muchas maneras en otras vidas.

La gente siempre me pregunta si se reunirá en otra vida con sus seres queridos. Como muchos otros investigadores, descubro constantemente que volvemos a la vida en grupos, una y otra vez. Nos reencarnamos en compañía de las mismas personas. El grupo puede volverse bastante numeroso al aumentar el número de vidas, pero el núcleo central se mantiene pequeño y relativamente constante. Los vínculos pueden cambiar dentro del grupo central. Por ejemplo, la relación madre-hijo en una vida puede repetirse en otra como relación entre hermanos, pero los espíritus o las almas son los mismos. Con las experiencias de regresión se puede traer a nivel de la conciencia la identificación de las relaciones anteriores.

La identificación subconsciente de una persona con la que mantuvimos un vínculo en una vida anterior se manifiesta, a veces, por una atracción o un rechazo inmediatos y por la reiteración de la antigua conducta programada en la vida anterior. La conducta parece fuera de contexto o desequilibrada en las circunstancias de la vida actual. Esto ocurre con más frecuencia en las familias o en las parejas en las que las relaciones son más íntimas y los lazos más fuertes. Pero la identificación de vidas pasadas y la repetición de antiguos patrones de conducta pueden producirse en muchas otras relaciones, como la de jefe y empleado, vecinos, maestro y alumno e incluso en la relación entre líderes mundiales que se atacan continuamente.

Hope es una mujer de cuarenta y cinco años que descubrió que había conocido a un pariente próximo en un ambiente completamente distinto del familiar. Recurrió a la terapia por una depresión que parecía estimulada por los problemas que tenía con Steve, su hijo adolescente.

Steve iba a una prestigiosa escuela privada, pero era un mal alumno y a veces hacía novillos. Algunos de sus problemas provenían de una dificultad de aprendizaje. También tenía la costumbre de dirigirse a su madre en un tono colérico; no le prestaba atención y ponía constantemente a prueba su paciencia, lo que a Hope le molestaba mucho. Me pareció que los problemas de Steve no eran demasiado graves. Quizá la madre reaccionaba de forma exagerada.

Pero Hope creía necesario protegerse de Steve. Sentía que él estaba agotando todas sus energías, que tanto su depresión como los problemas de su hijo se agravaban rápidamente. Estaba convencida de que la vida no era sino una larga lucha, que siempre la dejaría ansiosa y triste. También se estaba convenciendo de que debía abandonar a su hijo para protegerse a sí misma, pues él le estaba robando su propia vida. Esos problemas de relación se estaban extendiendo a todos los aspectos de su existencia. Como resultado, se sentía exhausta, casi como si la vida se le escapara de las manos. Se le estaban realmente acabando las fuerzas.

Sin embargo, durante la entrevista tuve la certeza de que sus sensaciones de conflicto y desesperanza no se originaban en el hijo. Cuando Hope tenía cinco años, su padre había abandonado a la familia. A los siete perdió a su madre, que murió dejando solos a la niña y al hermano menor. Durante dos años, Hope y su hermanito vivieron sin hogar. Limpiaban y hacían trabajos para otras personas a cambio de comida y ropa; completaban esas magras ganancias con lo que recogían en la calle.

Por fin, cuando Hope tenía nueve años, su madrina encontró a los niños y los recogió. Pero cuatro años después la familia de la madrina pasó por graves dificultades financieras; Hope y su hermano fueron acogidos en otros hogares durante dieciocho meses. Finalmente pudieron volver a casa de la madrina. Allí vivió Hope hasta que se casó, a los veinte años.

En los siguientes años el matrimonio pasó por cuatro separaciones, pero la familia seguía manteniéndose unida. Las cosas parecían mejorar en muchos aspectos. A esa altura de la vida la posición económica de Hope y los suyos era mucho mejor.

Cuando tratamos de retroceder hasta su niñez, Hope tuvo muchas dificultades para visualizar y relajarse. La afligía tanto la posibilidad de experimentar de nuevo el dolor de la infancia que me pareció más constructivo dejar esa época completamente de lado.

Ante esta sugerencia, Hope pudo abordar el proceso de regresión con mucha más calma. Pronto me contó que era un hombre joven de principios de siglo; caminaba por la calle de una ciudad. Entró en un pequeño edificio de apartamentos donde se encontró a quien era, en esa vida, su patrón. Se dirigió al hombre con súbita furia, acusándolo de haberse aprovechado de su juventud, pagándole casi nada y ascendiendo a otros empleados antes que a ella.

Enfurecida, Hope giró sobre sus talones y salió para no volver. Esa vida continuó pero ella jamás fue feliz, pues siempre cargó con esa irritación, esa sensación de ser explotada por su patrón. Su percepción y su reacción emotiva se debían a que se trataba de una traición muy intensa, un abuso de confianza, un tabú, casi como si, en realidad, el patrón hubiera sido su padre.

Pero no era su padre. En realidad fue entonces cuando Hope comprendió que ese hombre, que tanto se había aprovechado de ella en esa vida, se había reencarnado en Steve, su hijo.

Después de la regresión Hope pareció ver a Steve con más claridad. Comprendió que la relación entre ellos, en su vida actual, era distinta de la anterior. Reconoció que había estado exagerando ante sus transgresiones. Steve no era un comerciante que se aprovechaba deliberadamente de ella, sino un jovencito que pasaba por una etapa adolescente perfectamente natural, aunque irritante. Si en esta vida había cometido alguna transgresión contra ella era ciertamente ínfima.

Hope también comprendió que la traición y el engaño eran un problema suyo, no de Steve. En realidad, habían aparecido con mucha fuerza en su niñez, mucho antes de que naciera su hijo. Reconoció que, al no liberarse de la ira que sentía hacia su antiguo patrón, ella era la única perjudicada, pues estaba poniendo en peligro las alegrías que podía ofrecerle su relación con Steve en esta vida. Analizamos la probabilidad de que la rebeldía del hijo en la actualidad estuviera relacionada con la conducta de Hope en la vida anterior, al girar en redondo y dejar plantado a su patrón.

Hope continúa con su terapia; cada vez comprende mejor cuáles son los puntos que debe resolver; también va cobrando conciencia de que su ansiedad y su depresión no dependen de su hijo. Se ha vuelto más realista y tiene una perspectiva más amplia de sus problemas. No me sorprendería descubrir que ha compartido muchas otras vidas con Steve.

La relación padre-hijo suele ser muy dramática, pero su intensidad y su potencial de crecimiento no descartan, de modo alguno, la capacidad de tener humor, otro gran estimulante del crecimiento. Tengo un agradable recuerdo de un día en que, en un taller de trabajo, yo explicaba que escogemos nuestra situación familiar antes del nacimiento, a fin de obtener el mayor desarrollo posible. A esta altura de la conversación, una madre del grupo se volvió hacia su hija, con quien obviamente tenía un pequeño desacuerdo.

—¿Ves? —le dijo a la adolescente—. Fuiste tú quien me escogió a mí.

—¡Bueno, pues debo de haberlo hecho en un momento de apuro! —replicó la muchacha, sin pestañear.

Resulta innecesario decir que este diálogo fue humorístico; el hecho de que madre e hija asistieran juntas al taller indica que, en realidad, la relación entre ambas era muy buena. Tanto los miembros de una familia como las parejas pueden experimentar la regresión individualmente, como en cualquier otro análisis de vidas pasadas, o al mismo tiempo, para resolver problemas compartidos o hacer más profunda y significativa una relación que ya es buena. A veces, asisten a mis talleres parejas o grupos familiares. Cuando comparan sus experiencias de regresión, a veces descubren que, sin saberlo, han regresado a la misma vida, en la que se encontraron con los otros. Después de esas regresiones grupales, la mejoría de las relaciones suele ser rápida y espectacular, similar a la que experimentan los individuos que se liberan de síntomas físicos o emocionales crónicos al regresar a las verdaderas causas que los originaron, sea en esta vida o en otra. En realidad, algunos terapeutas que trabajan con parejas y familias están utilizando la terapia de regresión con bastante éxito. En este aspecto, las familias adoptivas no se diferencian de los hijos biológicos. Más de un hijo adoptivo, sometido a la regresión, descubre que ha compartido vidas anteriores con sus padres de adopción.

No siempre un paciente debe regresar a vidas pasadas para que mejoren sus relaciones familiares mediante la hipnosis. Betsy tenía problemas para resolver sus relaciones con un padre autoritario, estricto y distante, que ya había muerto. El hombre la había hecho sentirse rechazada. La maltrataba emocionalmente, y la insultaba. Betsy lo veía tan distante que le resultaba difícil referirse a él durante la terapia. Pese a todo, lo amaba pero no podía bajarlo del pedestal para observarlo tal cual era, a fin de hacer frente a la relación de un modo eficaz.

En estado de hipnosis, pedí a Betsy que visualizara un

sitio muy espiritual, en forma de jardín. En ese lugar su padre se acercó a ella. Le traía un solo mensaje: «Piensa en mí como si fuera tu hermano.»

Eso era lo que hacía falta. Cuando Betsy pudo pensar en su padre como en un hermano, como un igual, pudo apreciar sus virtudes y sus defectos con mucha más claridad y sin dificultades. Entonces logró comprenderlo, perdonarlo y desprenderse de él.

La indicación fue tan impactante que he comenzado a utilizarla en la terapia de otros pacientes que también tienen problemas en la relación con sus padres. En términos freudianos, elimina en gran parte la distorsión causada por la proyección.

Tener un alma gemela significa, en realidad, compartir con otra alma muchas vidas, penas y alegrías, triunfos y desesperación, amor y misericordia, enfados y perdones y, sobre todo, un infinito crecimiento. Un alma gemela suele ser alguien con quien sentimos un vínculo instantáneo en el primer encuentro, como si lo conociéramos desde hace mucho. En realidad, probablemente sea así. No es necesario tener una relación romántica con una persona para experimentar la satisfacción y la plenitud del vínculo con el alma gemela.

Tampoco hay una sola alma gemela para cada uno. Hay sólo una verdad parcial en la popular idea occidental, difundida por el filósofo Platón, de que cada uno de nosotros tiene una única mitad perfecta, que puede «completar» nuestra propia alma incompleta. Si bien otros parecen completar nuestra experiencia (compartiendo y expandiendo nuestro desarrollo, intimidad y gozo), es más probable que tengamos un grupo de almas, formado por muchas almas gemelas. Puede ser un grupo pequeño e irse ampliando a medida que acumulamos experiencias profundas con más y más almas, a lo largo de muchas vidas, pero la sensación de haber conocido antes a alguien o de compartir con esa persona sentimientos e intuiciones intensos no se limita en absoluto a un único individuo. Podemos tener más de un alma gemela al mismo tiempo. Nuestra pareja sentimental puede completar nuestra alma en cierto sentido, pero también pueden hacerlo, en otros sentidos, el mejor amigo, el padre, la madre o un hijo.

A medida que crecemos por la interacción con nuestras almas gemelas, ascendemos por la escala de las vidas. Trascendemos viejos patrones, llegamos a experimentar plenamente el amor y el gozo y perdemos hasta el último vestigio de miedo y cólera. Con el correr del tiempo, llegamos a un punto en que podemos elegir, voluntariamente, entre renacer para ayudar a otros directamente o permanecer en la forma espiritual, para ayudarlos desde otro plano. Entonces ya no es necesaria la reencarnación para el crecimiento emocional. Podemos pasar de este sendero de crecimiento al sendero del crecimiento por medio del servicio a los demás.

Perder un alma gemela por muerte o separación no significa, en absoluto, perder la oportunidad de crecer. Una de mis pacientes perdió recientemente a su esposo en un accidente. Estaba desconsolada, segura de que había perdido a su alma gemela y de que nada en la vida tendría ya el mismo significado, que nada valía la pena. Aunque su dolor es muy real, profundo y justificado, estamos trabajando sobre la idea de que ella puede esperar relaciones futuras igualmente llenas de amor, pasión, intimidad y desarrollo.

El reencuentro con un alma gemela, después de una separación larga e involuntaria, puede ser una experiencia por las que vale la pena esperar, aunque la espera dure siglos.

En unas vacaciones en el sudoeste, Ariel, una ex paciente mía que es bióloga, conoció a un australiano llamado Anthony. Ambos eran individuos emocionalmente maduros, con matrimonios anteriores; se enamoraron y comprometieron rápidamente. De regreso en Miami, Ariel sugirió que Anthony se sometiera a una sesión de regresión conmigo, sólo por ver si podía tener esa experiencia y «comprobar» qué pasaba. Ambos tenían curiosidad por saber si Ariel aparecería de algún modo en la regresión de Anthony.

Él resultó ser un paciente estupendo para la regresión. Casi de inmediato volvió a una existencia en el norte de África, en tiempos de Aníbal, hace más de dos mil años. En esa vida había sido miembro de una civilización muy avanzada. Su tribu era de piel clara; había fundidores de oro que tenían la habilidad de usar fuego líquido como arma, esparciéndolo en la superficie de los ríos. Anthony era un joven de unos veinticinco años, que se encontraba en ese momento en medio de una guerra que ya duraba cuarenta días contra una tribu vecina, de piel oscura, que los superaba ampliamente en número.

La tribu de Anthony había adiestrado a algunos miembros del grupo enemigo en el arte de la guerra y varios de esos discípulos dirigían ahora el ataque. Cien mil enemigos, armados de espadas y hachas de combate, cruzaban un gran río utilizando sogas, mientras Anthony y su gente vertían fuego líquido en su propio río, con la esperanza de que alcanzara a los atacantes antes de que éstos llegaran a la costa.

Para proteger a sus mujeres y niños, la tribu de Anthony puso a la mayoría de éstos en grandes botes, con velas violáceas, en el centro de un enorme lago. En ese grupo estaba la joven y muy querida prometida de Anthony, que tenía diecisiete o dieciocho años. Sin embargo, de repente el fuego líquido se propagó y los botes se incendiaron. Casi todas las mujeres y los niños de la aldea perecieron en ese trágico accidente incluida la novia de Anthony, por quien él sentía una gran pasión.

Con esta tragedia la moral de los guerreros sufrió un rudo golpe y pronto fueron derrotados. Anthony fue uno de los pocos que escaparon a la matanza en un brutal combate cuerpo a cuerpo. Al fin huyó por un pasadizo secreto que llevaba a un laberinto de corredores, por debajo del gran templo donde se guardaban los tesoros de la tribu.

Allí Anthony encontró a una sola persona con vida: su rey. El rey le ordenó que lo matara; Anthony, soldado leal, cumplió la orden contra su voluntad. Tras la muerte del rey, Anthony quedó completamente solo en el templo oscuro, donde se dedicó a escribir la historia de su pueblo en láminas de oro, que guardó en grandes urnas o tinajas herméticamente cerradas. Allí murió finalmente de inanición y de dolor por la pérdida de su prometida y de su pueblo.

Había un detalle más: su prometida de aquella vida se había reencarnado en Ariel. Los dos se reunían como amantes dos mil años después. Por fin se realizaría la boda, por tanto tiempo postergada.

Cuando Anthony salió de mi consultorio llevaba apenas una hora separado de Ariel. Pero el poder del reencuentro fue tal que parecían no haberse visto durante dos mil años.

Ariel y Anthony se casaron hace poco. Ese encuentro aparentemente casual, súbito e intenso, tiene ahora un nuevo significado; ha infundido a la relación entre ambos, ya apasionada, una sensación de continua aventura.

Anthony y Ariel planean un viaje a África del Norte, para buscar el sitio donde compartieron aquella existencia, anterior y ver si pueden descubrir algunos detalles más. Saben que cuanto puedan encontrar no hará sino aumentar la aventura que se ofrecen mutuamente.

6

La curación del niño interior
y el niño maltratado

En los últimos tiempos se ha dirigido mucha atención al tema de la «curación del niño interior». John Bradshaw, entre otros, ha ayudado a popularizar la técnica para conseguir que un paciente retroceda en el tiempo, en estado de relajación e hipnosis ligera, para descubrir al niño herido, confundido y vulnerable que llevaba en sí al crecer. Este concepto evolucionó a partir de las técnicas psicoanalíticas. En las asociaciones libres hechas durante la terapia tradicional suele presentarse una intensa catarsis emocional de recuerdos infantiles traumáticos. Cuando los pacientes experimentan este proceso de recuerdo y liberación emocional, que los médicos llaman abreacción, pueden producirse cambios terapéuticos y mejorías clínicas.

El análisis transaccional (AT) mejoró el concepto psicoanalítico de recobrar los recuerdos de la niñez reprimidos u olvidados. En *Yo estoy bien, tú estás bien*, el doctor Eric Berne, padre del AT, afirmaba que «todo individuo fue alguna vez más joven de lo que es ahora y lleva en sí vestigios fijados de años anteriores que se activarán en determinadas circunstancias...». Coloquialmente, cada uno lleva en sí a un niñito o una niñita. «Cuando el dolor de la niñez no ha sido resuelto y emerge en el adulto, puede provocar toda una serie de síntomas, incluidas culpa, vergüenza, depresión, falta de autoestima y conductas autodestructivas. Cuando una persona exhibe una conducta infantil, tal como hacer mohínes, coger un berrinche y reclamar una excesiva atención, es el niño interior el que se activa. Si estos mecanismos de activación no se traen a la conciencia, la conducta de mala adaptación que el paciente sufrió cuando era niño puede volverse contra sí mismo y/o contra otros. Los más vulnerables son los hijos del mismo paciente. Por ejemplo: con frecuencia sucede que el padre que maltrata sufrió a su vez malos tratos cuando era niño. Los terapeutas freudianos llaman a esto "compulsión repetitiva".» Bradshaw la denomina «regresión espontánea en la edad».

Según la teoría de AT, psicológicamente cada persona está integrada por tres partes. El Niño (la criaturita que cada uno lleva en sí), el Adulto (la parte objetiva racional de esa persona en la actualidad) y el Padre (la interiorización de los pensamientos, sentimientos y actos de los padres o las figuras paternas). En la terapia de AT se llevan a cabo verdaderos diálogos entre el Niño, el Adulto y el Padre. El paciente representa los distintos papeles.

Una variación conocida como psicodrama agrega aún más papeles, para conectar, durante el proceso terapéutico, los temores y vulnerabilidades infantiles que arrastramos desde la infancia. Por ejemplo: un taller ego (una persona que observa las palabras, las conductas y el lenguaje corporal) puede hacer comentarios, en tanto otros representan los diversos papeles de Niño, Adulto y Padre. Hay participantes múltiples que actúan simultáneamente y pueden cambiar de papeles, representar encuentros dramáticos y experimentar la intensa liberación emocional que se produce cuando se traen a la conciencia dolorosos recuerdos infantiles.

Bradshaw combinó los conceptos de AT con la teoría del desarrollo de la personalidad, de Erik Erikson. De esta manera puede señalar los problemas y adaptar su terapia a determinadas etapas infantiles en especial.

Lo que relaciona todas estas técnicas, así como otros métodos que emplean el diálogo con nuestro «niño» es la memoria y la liberación emocional de recuerdos infantiles dolorosos. En las técnicas del niño interior, que con frecuencia son efectivas y suelen aplicarse a adultos que han crecido en familias disfuncionales, con maltratos y alcoholismo o drogadicción, se efectúa el contacto con los recuerdos de infancia mientras el paciente se encuentra en estado de relajación. A veces se utilizan frases o palabras clave para enfocar la atención en ciertos aspectos de la niñez, de donde surgen los recuerdos más dolorosos. A veces los traumas están en todas partes, en el cotidiano maltrato negativo de los padres u otras personas significativas que van minando la personalidad. Desaprender esa programación negativa es parte vital de la terapia.

Por ejemplo: en estado de relajación se envía al adulto en busca del «niño» que ha llevado en su psiquis todos esos años. Se recuerda y visualiza la casa de la infancia, sus cuartos, la familia y, por fin, al niñito. El adulto, con una más amplia perspectiva y comprensión alcanzadas en la madurez, habla con el niño, razona con él, lo abraza, promete protegerlo y lo saca del ambiente traumático para traerlo al momento actual. En cierto sentido, el niño es rescatado.

En teoría, a medida que amplía la perspectiva de lo que ocurrió con el niño cambian las reacciones frente a los traumas de la infancia. Eso se llama reescribir. Es como si se reescribiera el guión de la vida, alterando la obra. Es de esperar que el niño interior comprenda ahora que no fue responsable de la conducta disfuncional de los padres y pueda ahora perdonarlos o, por lo menos, comprender los motivos por los que ellos actuaban de manera tan irracional. El adulto se convierte en el padre amoroso de su propio niño interior.

Claro que la realidad de los hechos pasados no ha cambiado en absoluto. El único cambio se produce en las reacciones interiorizadas del adulto respecto a esos hechos. Puede desprenderse del dolor, liberarse del sufrimiento, curar las heridas de la infancia. La técnica puede ser muy eficaz. Puede ser el primer paso hacia una cura.

Pero a veces no bastan siquiera estas emotivas y conmovedoras abreacciones de la infancia. A veces hay más de una niñez involucrada. A veces las raíces del dolor están aún más atrás.

Linda es una atractiva abogada de treinta y cinco años, proveniente de una pequeña población de Pennsylvania. Se divorció de su esposo porque la maltrataba psicológicamente. Linda vino a mi consultorio bien vestida, con un traje de color azul marino y una blusa de cuello abierto. No usaba más joyas que un anillo con un gran diamante. Se la veía serena y contenida; proyectaba sin esfuerzo la imagen de una profesional de éxito.

Mientras se desarrollaba nuestra primera sesión y Linda relataba su historia, me sorprendió lo violenta que había sido su niñez, todo lo que escondía esa aparente frialdad exterior. Linda no recordaba nada de su vida antes de cumplir los ocho años. Ni siquiera retenía la imagen de sus padres cuando ella era niña. Pero sí recordaba que el padre solía pegarle con los puños, con cinturones, perchas para ropa y talas de madera. Siendo pequeña le echaba rapapolvos con frecuencia, tratándola de «ramera, basura, perra». La madre le había dicho que las palizas comenzaron a edad muy temprana. A veces ella también participaba, golpeando a la hija y arañándola. Además, Linda había sufrido repetidos abusos sexuales por parte de un tío, con el conocimiento de sus padres.

Sentí náuseas cuando comencé a comprender hasta qué punto había sido maltratada esa criatura. Incluso de niña, Linda era tan responsable que había asumido el papel de madre sustituta ante sus hermanos menores, tratando de protegerlos para que no se los tratara de igual modo. Como resultado había sufrido la peor parte de los maltratos paternos. Varias veces había llegado a llamar al Departamento de Bienestar Infantil, a fin de que el Estado interviniera protegiendo a los niños menores, sin resultado alguno. Los padres negaron todas las acusaciones. Cuando se retiró la asistente social que investigaba, el padre castigó a Linda hasta dejarla casi inconsciente.

En los años de adolescencia Linda enfermó de asma. También sufría un miedo crónico y grave a sofocarse. No toleraba ponerse nada alrededor del cuello: ni joyas ni bufandas; ni siquiera jerseys. Deformaba los cuellos de la ropa a fuerza de estirarlos. Nunca podía abrocharse el primer botón de las blusas.

Linda había tratado varias veces de escapar, pero no tenía adónde ir. Por fin abandonó el hogar para estudiar en la universidad; se casó a edad temprana para no tener que volver jamás a su casa.

Durante esa primera sesión comencé a tratar de desenredar la madeja de la torturada historia de Linda, pero ella no recordaba nada anterior al cuarto curso de la escuela. No era sorprendente. Una pérdida de memoria puede ser misericordiosa, sobre todo con un pasado tan violento y ofensivo. Pero Linda era infeliz; tenía miedo y una miríada de síntomas tales como pesadillas recurrentes, fobias y súbitos ataques de pánico, además de un abrumador miedo de asfixiarse y de que alguien o algo le tocara el cuello.

Comprendí que debíamos investigar su pasado.

Le di una cinta grabada para que se la llevara a casa. En una cara tiene una meditación relajante; en la otra, un ejercicio de regresión, con mi voz como guía en ambas. Le dije a Linda que podía escuchar a voluntad cualquiera de los lados o ambos y que me llamara si le causaba demasiada ansiedad o emociones negativas.

Ya en su casa escuchó diariamente las dos caras de la grabación. La relajaban mucho. En realidad, cada vez que la escuchaba se quedaba dormida. Sin embargo, sus síntomas y miedos paralizantes persistían sin cambios.

Linda acudió a la segunda sesión deseosa de probar la hipnosis. Llegó pronto a un nivel de trance moderadamente profundo. La conduje de regreso a su niñez; entonces pudo recordar más detalles del cuarto curso, así como su aula y su bondadosa maestra. Por fin podía ver la cara de su padre tal como era cuando ella tenía ocho años. Comenzó a sollozar. Trabajé con el «niño interior» indicándole a Linda que enviara su yo adulto a abrazar, consolar y rescatar a la vulnerable criatura de ocho años. Ella tenía miedo, pero también sentía alivio y gratitud; se sintió reconfortada. Trató de comprender y perdonar a su padre.

Luego empleé técnicas que había experimentado anteriormente para ayudarla a desprenderse de sus miedos, a ver las cosas con la perspectiva de un adulto. Utilicé los métodos de John Bradshaw y otros médicos que han trabajado con el vulnerable y asustado niño interior. Conversamos, razonamos, sentimos y proyectamos luz y amor; hubo revisiones, llantos, análisis y síntesis; reescribimos el guión de su vida. La purificación de su niñez duró noventa minutos. Cuando por fin emergió del estado hipnótico, Linda se sentía algo mejor.

Volvió a cantar, algo que le gustaba y no podía hacer desde la infancia, época en que cantaba en el coro de la iglesia. Su memoria había mejorado un poco. Se sentía menos nerviosa y de mejor humor. Pero su vida aún estaba llena de miedos. Continuaba mostrando terror a la sofocación y todavía no toleraba sentir nada cerca del cuello. Su asma persistía.

Teníamos que continuar trabajando.

En la tercera sesión utilicé una rápida técnica de inducción que produce un profundo nivel de hipnosis en treinta segundos. Linda empezó inmediatamente a sollozar y comenzó a arquear el cuello.

—¡Alguien me tira del pelo, y me echa la cabeza hacia atrás! —gritó—. ¡Van a guillotinarme!

Había ido directamente a una experiencia de muerte. Supuse que Linda estaba en Francia, pero ella me corrigió: se encontraba en Inglaterra. (Esto me confundió, pues suponía que la guillotina se había utilizado sólo en Francia. Esa noche investigué la cuestión y descubrí que, por un breve período, también se usó en Inglaterra, Escocia y varios otros países europeos.)

Desde su estado de trance, Linda vio cómo la decapitaban. Me dijo que en esa vida tenía una hija de cinco años, que se encontraba también entre la muchedumbre, observando. Después de la decapitación pusieron la cabeza en un saco de lona y lo arrojaron al río cercano. Pasamos varias veces por la escena de muerte y en cada oportunidad disminuía la emoción, hasta que pudo decirme tranquilamente todo lo que había ocurrido. Le partía el corazón tener que abandonar a su hijita.

Pasaron algunos instantes. Vi que parpadeaba ligeramente y movía los ojos cerrados, como si estuviera buscando algo con la vista. De pronto sollozó otra vez, agitando la cabeza.

—¡Es él! ¡Es mi padre! —Comprendí que se refería a su padre en la vida actual, dato que ella me confirmó acabada la regresión—. Era mi esposo. Él hizo que me ejecutaran para poder estar con otra mujer. ¡Me hizo matar!

Ahora Linda comprendía por qué, según le había dicho su madre, pareció odiar al padre desde que nació. Cada vez que él la alzaba en brazos, la pequeña lloraba y gritaba hasta que la dejaba. Ahora eso tenía sentido.

Linda recordó otras dos vidas pasadas durante esa sesión. Varios siglos antes había sido una mujer italiana, felizmente casada con su abuelo actual. Se vio vívidamente en la barca que tenía la pareja. Llevaba un vestido blanco y el pelo, largo y oscuro, ondeaba en la brisa. En esa vida había sido feliz y muy amada; Linda había muerto apaciblemente a edad avanzada. En su vida actual mantiene una relación muy cálida y amorosa con su abuelo.

En un breve retorno a una tercera vida se vio en una granja grande, con un almiar y un molino de viento. Era anciana y tenía una familia numerosa.

Pregunté a Linda qué necesitaba aprender de esas vidas.

—A no odiar —me respondió de inmediato, desde la elevada perspectiva de su mente supraconsciente—. Debo aprender a perdonar y a no odiar.

La energía de su odio y la de la violenta cólera de su padre era lo que había vuelto a unirlos en esta vida, con desastrosas consecuencias. Pero ahora recordaba. Ahora se podía iniciar la curación. Linda podía comprender por qué había rechazado inmediatamente a su padre y por qué él, explotando una nueva fuente de culpa, vergüenza y violencia, se había dedicado repetidas veces a maltratarla. Ahora ella podía comenzar a perdonar.

Al terminar la regresión pedí a Linda que se abrochara el primer botón de la blusa. Lo hizo sin vacilar y sin rastros de nerviosismo o miedo.

Estaba curada.

La curación había requerido tres sesiones. Sus síntomas no se han repetido. Incluso el asma ha desaparecido casi por completo.

La segunda sesión, en la que trabajamos rescatando al niño interior, fue importante y la ayudó. Pero la regresión a la vida donde fue guillotinada resultó ser el factor crucial para su curación.

En casos como el de Linda, el trabajo con el niño interior y la consiguiente catarsis actúan como una vía hacia la curación, que se logra, mejor y más efectivamente, a través de la terapia de vidas pasadas. Los traumas experimentados en la niñez de la vida actual son, a veces, variaciones de traumas experimentados en otras vidas. Estas vidas anteriores pueden ser la verdadera fuente del dolor infantil. Experimentar de nuevo el origen del problema puede ayudar a curar al niño interior actual.

Laura, una mujer de veinticinco años, encargada de una boutique, llegó a la consulta presentando algunos síntomas. Sufría depresión intermitente y mostraba desde hacía tiempo unos trastornos en el comer, por los cuales asistía regularmente a grupos de apoyo y terapia para bulímicos. Pero tal vez su síntoma más preocupante consistía en que no estaba segura de si en su infancia habían abusado sexualmente de ella o no. No tenía recuerdos claros, ni siquiera parciales, de semejante experiencia. Se trataba más bien de una sensación o de una impresión que tenía a veces respecto a una persona mayor que la tocaba.

Cuando escuché la historia introductoria de Laura, me contó que estaba distanciada de sus padres y mantenía con ellos una fría relación. Pasaban largos períodos en los que no les hablaba en absoluto; cuando lo hacía, los tres se sentían muy nerviosos e incómodos, hasta tal punto que a ella le parecía como si estuviera «ahogándose». También descubrimos un detalle de su pasado, tal vez más importante: cuando Laura trataba de recordar algo de su infancia, su mente se quedaba en blanco. No tenía recuerdo alguno de su infancia.

Decidimos comenzar por ese síntoma. Pero primero repasamos los recuerdos de vidas anteriores que Laura había tenido en uno de mis seminarios, algunos meses antes, y que la decidieron a investigar más sobre sus problemas en una terapia individual.

Durante la regresión grupal, Laura se había visto en un niño francés de trece años, que llevaba arco y flechas. Una flecha ajena se le clavó en el pecho y murió. Laura reconoció en su abuela de entonces a su madre actual. En otra vida había sido un ladronzuelo callejero de Londres; y en una tercera se vio como una muchacha quinceañera en la España del siglo XVI.

Al entrar en la vida española la estaban atando sobre una pira para quemarla por considerarla una bruja, ya que había curado a un niño de su aldea. Laura reconoció al juez que la había condenado a muerte: era su padre actual. Esos recuerdos no la lastimaron. La idea de que podría ser eterna la hacía sentir muy libre y feliz. También sentía que había esperanza para sus problemas, y su depresión se alivió un poco.

Cuando Laura volvió a mi consultorio fue de nuevo incapaz de obtener recuerdos de la niñez, pero aún deseaba descubrir la raíz de su problema. Como en el seminario había tenido tanto éxito con la regresión a vidas pasadas, decidimos que era el camino más fácil para su terapia y que debíamos abordar otra vez sus problemas con la regresión.

Nuevamente, Laura recordó haber muerto a edad temprana. En esa ocasión era un muchachito de catorce años, en la Francia del siglo XV, miembro de una familia acomodada. Sus padres tenían un huerto de manzanas. Desgraciadamente, una epidemia fatal se propagó en la comunidad; el vehículo de transmisión fueron las manzanas de su familia. Sin embargo, sus padres no tenían la menor idea del peligro que representaba su fruta y no se los podía culpar. Laura murió en esa epidemia, pero no antes de reconocer que sus padres de esa vida eran sus padres en la actualidad.

Mientras repasábamos esa vida, después de la hipnosis, surgieron cuestiones de cólera, amor y perdón. Laura tenía que perdonar a sus padres de esa vida, porque no la habían envenenado deliberadamente. Necesitaba desprenderse de ese motivo de enojo. En su casa, Laura había utilizado mi cinta grabada para relajación y regresión, a fin de analizar las respuestas a lo que le había ocurrido durante la infancia. Las respuestas intuitivas que obtenía eran, con frecuencia, de tipo espiritual, asegurándole que la experiencia se relacionaba con el aprendizaje del equilibrio, la moderación y la armonía. Al experimentar esas vidas desequilibradas y excesivas, se había vuelto paciente y afectuosa y su mente intuitiva le decía que esas experiencias eran, en realidad, la base de la verdadera sabiduría.

Después de esta regresión fue como si se hubiera desbloqueado algo. Comenzaron a aflorar los recuerdos infantiles de su vida actual; y entonces se hizo patente el porqué se habían bloqueado. Sus fugaces impresiones de que habían abusado sexualmente de ella eran acertadas. En realidad, Laura había sido maltratada sexualmente por su padre y su tío. Desde los dos años ambos la habían sobado, tocado y obligado a realizar el sexo oral. Estos abusos duraron algunos años. Peor aún: Laura recordaba que su madre tenía conocimiento de esos abusos y no hacía nada por impedirlos.

Esos recuerdos, sobre todo el de la complicidad de la madre, acentuaron por un breve período los síntomas y los problemas de Laura. Con el correr del tiempo tuvo oportunidad de integrar esas experiencias y sensaciones en la terapia. Al hacerlo comenzó a librarse de la ira que le causaban esos recuerdos; y sus trastornos en la alimentación empezaron a mejorar rápidamente. Laura pudo también observar con mayor perspectiva la conducta abusiva de su padre y su tío. Pudo comprender que los maltratos recibidos de su padre se iniciaban mucho antes. Aunque en esa vida pasada no había abusado sexualmente de ella, la había hecho ejecutar. Por lo tanto, su padre podía tener en esta vida una percepción borrosa de los límites normales entre padres e hijos. Sus impulsos sexuales pueden haber sido más fuertes que si no hubieran existido vínculos previos entre los dos. Laura pudo también comprender que había vivido una serie de existencias en que las figuras paternas no fueron capaces de protegerla de la muerte o de la pobreza; esas vidas habían sido lecciones de amor, paciencia y sabiduría.

El vínculo entre Laura y su padre en una vida pasada es típico de las relaciones turbulentas en la vida actual. Con frecuencia, si en una vida anterior el victimario actual ha puesto en peligro o ha dañado a la víctima es más probable que el victimario, en la vida presente, transgreda los límites y tabúes del incesto. Es como si ya hubieran debilitado los imprescindibles límites que preservan la seguridad y el bienestar entre ambos; que las fronteras ya hayan sido franqueadas. Esto parece dificultar más aún para ambos el evitar caer en una nueva variante del antiguo patrón de abuso, dolor y abandono. Esto no significa que las víctimas de maltratos los merezcan, los pidan o que estén destinadas a repetir ese modelo vida tras vida. Existe siempre el libre albedrío. Una situación tan inestable puede crear condiciones muy especiales para un crecimiento emotivo y espiritual intensivo. Se pueden superar las tentaciones y aprender las lecciones.

Es significativo que Laura no pudiera recordar nada de su infancia hasta que se creó el contexto de vidas pasadas. Sólo después de haber logrado esa perspectiva más amplia pudieron aflorar los recuerdos de su dolorosa niñez actual. Sólo entonces pudo reconfortar al niño interior. La catarsis se produjo. La curación podía empezar.

Por comparación, no fue ninguna sorpresa que Laura dejara de comer en exceso. En la actualidad continúa adelgazando gradualmente y ya no cae en ataques de bulimia. Su depresión ha pasado. De vez en cuando se reúne con sus padres para tratar de recomponer sus relaciones; el nerviosismo que le provocaban esos reencuentros se ha aliviado considerablemente. Tras muchos años de luchar contra sus síntomas y de tratar de comprenderlos mediante otras formas de terapia, Laura consiguió una curación rápida y duradera.

La frecuencia de los abusos sexuales cometidos con niños en Estados Unidos es asombrosamente alta. Aproximadamente una de cada tres niñas es víctima de abusos sexuales en la niñez; lo mismo ocurre con uno de cada cinco varones. La terapia de vidas pasadas puede ser importante para el proceso de curación, puesto que a muchos supervivientes adultos les proporciona un medio rápido y seguro para resolver y aclarar la experiencia; además, ofrece un marco emotivo y espiritual más amplio donde procesar e integrar los recuerdos y sentimientos que se liberan durante el proceso de curación. La terapia de vidas pasadas proporciona a las víctimas nuevos pretextos para abordar y controlar sus experiencias.

En manos de un terapeuta preparado, la terapia de vidas pasadas aplicada a los casos de abuso sexual no es peligrosa. En la situación terapéutica, ninguna víctima debe sentir miedo a experimentar de nuevo dolorosos recuerdos reprimidos. Según mi experiencia con pacientes como Laura, al revivir recuerdos en este contexto se produce una sensación liberadora. La terapia permite a la víctima consolar al niño interior de esta vida con lo cual mejoran muchos aspectos de su vida adulta, sobre todo las relaciones.

Un recuerdo bloqueado de abuso sexual representa un enorme desafío para nuestra capacidad de hallar satisfacción e intimidad en las relaciones adultas. Los supervivientes adultos tienden a protegerse de una posible repetición del dolor sepultado. Esta tendencia es otra manifestación de la dinámica que impulsa a ciertas mujeres a protegerse simbólicamente del dolor de origen sexual aumentando de peso para disimular el atractivo físico. En el capítulo siguiente analizaremos este aspecto más extensamente.

El doctor John Briere, investigador del departamento de psiquiatría de la Universidad de California del Sur, dijo que una de las revelaciones más dolorosas que ha escuchado una y otra vez de las víctimas adultas de abusos sexuales infantiles es «saber que papá me hizo daño en provecho propio. Papá estaba dispuesto a sacrificar mis necesidades para satisfacer las suyas». El doctor Briere ha observado también que una víctima de maltratos sexuales infantiles «... pierde la noción de que se puede confiar en la persona cálida y afectuosa que nos cuida; es una sensación que con frecuencia no se recupera jamás». En cambio, esa realidad es reemplazada por otra en la que el niño sabe que una persona «aparentemente buena es muy capaz de ser mala». Se acaba completamente con el sentimiento de confianza.

El doctor David L. Corwin, profesor de psiquiatría de la Universidad de Washington, ha observado que, con frecuencia, el abuso sexual infantil por parte del padre origina una profunda sensación de pérdida y de autoestima gravemente dañada. El resultado es que «esas actitudes y afectos socavan la capacidad de hacerse valer y protegerse, de sentir que se tiene derecho, como persona, a esperar y exigir que se la trate con respeto, cariño y decoro». Las mujeres «empiezan a pensar que son malas para preservar la imagen de un padre idealizado». En esos casos la terapia puede «ayudar a la víctima del abuso infantil a "desprender" los conceptos negativos de sí misma y convertirse en una superviviente en toda la extensión de la palabra».

No es preciso que el abuso se produzca en la vida actual o en la niñez para influir sobre las relaciones de la vida actual.

Emily, de cuarenta y tres años, vino a mi despacho afectada por lo que ella describía como «temores irreales». Sufría ataques de ansiedad y pánico, miedo al abandono y a la pérdida y aversión al sexo, sobre todo a la eyaculación. Como resultado mantenía con su esposo una relación muy problemática. Sentía miedo de ese hombre, con quien había compartido buena parte de su vida. No es necesario decir que de estos sentimientos nacían muchos de los conflictos conyugales. Emily había perdido recientemente a su hijo adolescente en un accidente de tráfico, y aún se sentía profundamente apenada. También era miembro de Alcohólicos Anónimos, con un resultado positivo, sin recaídas.

En la terapia de vidas pasadas, Emily volvió a una vida en la que era una mujer morena, de vestido rojo, que bailaba en una fiesta como en un sueño con un joven. Ese joven era su hijo muerto.

En el segundo recuerdo clave de esa sesión, Emily descubrió que había sido una joven madre sin recursos en los tiempos del rey Herodes. El gobernante acababa de ordenar la muerte de todos los niños menores de dos años y Emily había asfixiado accidentalmente a su propio hijo, en el intento de acallar su llanto para que no lo descubrieran los soldados del rey.

En la Edad Media, Emily compartió otra vida con su hijo perdido. En esa oportunidad eran hermanos y ambos mantenían una relación muy estrecha. El hermano murió de una estocada mientras combatía a caballo. Tanto ella como el padre quedaron desolados por la muerte del muchacho. El padre nunca se recobró de la pérdida y Emily se casó con un hombre rico para huir de su padre y escapar de esa tristeza compartida. El esposo la obligó a tener relaciones sexuales rudas, groseras y desagradables, sin tener en cuenta su placer ni su bienestar. Fruto de esa relación física, que a Emily la aterrorizaba, nacieron tres hijos.

En una sesión siguiente, Emily recordó haber sido una gitana francesa y campesina a mediados del siglo IX. Tenía varios hijos que dependían de ella y tuvo que recurrir a la prostitución para alimentarlos. Se la despreciaba por su oficio y, aunque algunos de los hombres le gustaban, otros la sometían a violentos abusos. En un incidente muy desagradable, algunos de ellos llegaron a escupirle durante el abusivo y degradante acto sexual.

Al envejecer, como sus hijos ya no dependían de ella para sobrevivir, Emily se dio al alcohol y acabó suicidándose.

Al terminar esa segunda sesión pudo establecer varias relaciones entre esas vidas y sus problemas presentes. Al comprender que había vivido muchas veces con su hijo, pudo resolver la profunda aflicción por su muerte.

Un aspecto muy intenso de su vida era su amor por los niños. Emily trabaja como voluntaria en la sala pediátrica de un hospital.

Otro tema importante en su vida era el abuso sexual y la crueldad. Emily logró comprender el origen pasado de su actual aversión al contacto sexual. Pudo ver que, en esa constelación particular de vidas, el sexo había sido, esencialmente, un vehículo de degradación y dolor. También vinculó su aversión para la eyaculación a los humillantes escupitajos que había soportado en la Francia del siglo IX. Entonces pudo desprenderse de algunos miedos sexuales. Comprendió que el miedo era una protección contra el dolor que no tenía por qué tolerar en esta vida, que ese sufrimiento pertenecía al pasado.

Con el entendimiento sobrevino el comienzo de la curación. Emily llevaba varios años siguiendo un psicoanálisis tradicional, pero sus sistemas no mejoraban. Eso no era culpa de su analista; antes bien, se debía a la envergadura del material involucrado. El origen de sus problemas se encontraba más allá de sus experiencias de la vida actual. Fue necesario volver a los recuerdos y los traumas de vidas pasadas para conseguir la curación. En este sentido, la terapia de vidas pasadas para solucionar problemas de abuso sexual es, meramente, una extensión del pensamiento y el tratamiento psicoanalíticos hacia un terreno más amplio.

En la actualidad, los miedos sexuales de Emily están disminuyendo. Como resultado, su relación con el esposo es menos tensa, aunque todavía no sea perfecta. Sin embargo, tiene importantes puntos de apoyo y Emily puede evaluar los pros y los contra desde una perspectiva más realista. Tampoco tiene miedo de entablar una relación futura con otro hombre, si en algún momento se decidiera por eso.

Las sombras del pasado se han disipado. El miedo a los hombres y al contacto sexual se va difuminando. Cualquier decisión que Emily tome respecto a sus relaciones conyugales será clara y realista, como resultado de sus recuerdos de vidas pasadas, no como proyección de sus propios miedos sobre el matrimonio.

Una vez se consigue acceder a los recuerdos se inicia el proceso de curación. En el excelente libro *El coraje de curar*, de Ellen Bass y Linda Davis, se han documentado algunos patrones típicos de la curación de abusos sexuales. El primer paso de ese proceso es la decisión de curarse, de buscar ayuda.

Cuando los recuerdos de haber sufrido maltratos comienzan a salir a la superficie, con frecuencia son sólo recuerdos parciales o brumosos, como en el caso de Laura. Muchas veces, como en el de Emily, existe una sintomática incapacidad de entablar relaciones íntimas. Pero en todos los casos sienten un gran malestar.

Tal como hemos visto, durante la terapia de regresión es más fácil acceder al recuerdo de los maltratos. Las víctimas pueden empezar a cobrar conciencia de que los aspectos que las atemorizan de sus sueños y fantasías, así como los fragmentos de esos recuerdos huidizos, están vinculados a un trauma de la infancia.

Una etapa posterior en el proceso de curación es la capacidad de aceptar que los recuerdos de esos abusos sexuales son algo real. Hacerlo es parte vital del proceso de curación. La regresión hipnótica a esa infancia y a otras vidas es una técnica perfectamente adecuada para aceptar esos recuerdos. Los pacientes ven y sienten sus experiencias con nitidez, pero se sienten a salvo y pueden después analizar conjuntamente sus recuerdos en la protegida situación terapéutica. El paciente sabe que son recuerdos, no fantasías, debido a la intensidad de éstos y de las vívidas emociones que se experimentan durante la regresión; la experiencia de esta intensidad contrarresta el mecanismo defensivo mental de la negación. El doctor Wayne Dyer, autor de *Tus zonas erró-*

neas, nos recuerda que la aceptación mental con frecuencia se produce después de la emocional, al decir: «Lo verás cuando lo creas.» Pero para muchos pacientes sigue siendo necesario ver para creer. Y ver el pasado mediante la regresión hipnótica permite a algunos pacientes, por lo demás propensos a la negación, aceptar su pasado con menos esfuerzo, acelerando así el proceso de curación.

Los supervivientes de maltratos con frecuencia pasan por otra etapa de curación: la de sentir vergüenza de sus experiencias, vergüenza por haber participado en un acto que se considera un tabú. Pero los pacientes que consiguen acceder a esos recuerdos mediante la regresión hipnótica pueden aceptar con más facilidad el hecho de que, al ser pequeños, no pueden haber sido responsables de la conducta de los adultos. Los recuerdos de vidas pasadas también ayudan a disipar la vergüenza, pues permiten comprender por qué se transgredieron, en esas relaciones formativas, límites que habrían debido ser infranqueables.

Esto nos lleva al álgido tema de la cólera. Es típico que se inste a los supervivientes a sentir ira contra sus victimarios, a pensar que ese sentimiento los cura. Aunque el enojo es, sin duda, una etapa por la que se debe pasar, he descubierto que, cuando se emplea la terapia de vidas pasadas, con frecuencia esa cólera se transforma rápidamente en comprensión. En mi práctica, esa etapa suele ser relativamente corta.

No sé con certeza por qué ocurre así; indudablemente se requieren más investigaciones. Puede ser que la perspectiva más amplia proporcionada por la experiencia de vidas anteriores permita a la víctima un desapasionamiento más rápido. O tal vez el componente espiritual de la terapia puede, en algunos casos, proporcionar un crecimiento y un proceso de curación más veloces.

Desde que la doctora Elisabeth Kübler-Ross definió las etapas del dolor, es frecuente asumir que uno debe pasar total y metódicamente por todas las etapas de todos los procesos a fin de que se produzca la curación completa. Pero no todos los individuos que están en proceso de curación necesitan pasar por todas las etapas según una secuencia temporal rígida. Por ejemplo: no es esencial expresar el enojo durante un período prolongado, aunque al terapeuta le parezca necesario. Después de experimentar de nuevo el análisis visual y empático en la terapia de vidas anteriores, a veces la comprensión aparece con celeridad. Este tipo de terapia parece tener una facilidad especial para abreviar la fase de la cólera.

Alienta al paciente a trabajar a su propio ritmo, sea cual fuere. ¿Por qué experimentar cólera durante meses, si uno puede librarse de ella en una hora, un día o una semana? Tal como lo demuestran los casos de Laura y Linda, mediante la comprensión que proporciona la terapia de vidas anteriores, el enojo disminuye y el trauma se puede resolver con más rapidez.

No se trata de una promesa de «curación rápida» ni de «reprender» a los pacientes y terapeutas que proceden a un paso más lento y más apropiado para sus casos. Simplemente se trata de indicar alternativas para los supervivientes.

Una vez que se entiende el origen de esa cólera, uno puede decidir librarse de ella cuando quiera. Puede conservarla, si se siente más a gusto así, pero también dejarla a un lado en cualquier momento. Es uno mismo quien decide. Todos tenemos nuestro propio y perfecto ritmo de curación y desarrollo.

El paciente que desentierra recuerdos de abusos en esta vida y tal vez en otras mediante la regresión hipnótica, no olvida el recuerdo de la cólera que sintió, pero puede perdonarse a sí mismo y a los demás con más rapidez. Con frecuencia, una gran capacidad de perdón parece ser la lección espiritual que se aprende a partir de la experiencia de sufrir maltratos.

Lorraine sabía que el perdón era parte de la lección que debía aprender incluso antes de someterse a la terapia. Sentada en mi consultorio, esa profesora y administradora universitaria de treinta y siete años relató que, en su infancia, sus padres habían sido muy poco afectuosos con ella. La madre sufría de una severa artritis reumática, enfermedad que exigía toda la atención de la pareja. Lorraine sentía que ambos se habían mostrado fríos y muy distantes con ella. Para empeorar las cosas, el padre murió de un ataque cardíaco cuando ella tenía seis años.

Lorraine pensaba que la muerte de su padre y la relación de sus padres con ella le hacía muy difícil intimar con otras personas, así como mostrarse dispuesta a perdonar y perdonarse. Temía intimar con los demás por la posibilidad de perderlos o de encolerizarse con ellos. A este temor se sumaba su miedo a ser estéril.

En la terapia de vidas pasadas, recordó una existencia en la antigua Grecia. En esa vida había tenido el mismo padre que en la actual y él había abusado sexualmente de ella en la temprana infancia. Más adelante lo descubrieron y lo arrestaron. Lorraine creía que probablemente las autoridades lo habían ejecutado por su acción. Significativamente, en la vida actual también había perdido a su padre en el sexto año de vida.

Mezclada con su enojo, Lorraine también experimentaba un gran sentimiento de culpa por haber sido la causa del castigo de su padre en esa antigua vida en Grecia. Cayó en la cuenta de que, en su vida actual no sólo sentía ira hacia su padre, sino que también se sentía culpable por ese enojo; comprendió también que el patrón de abuso era antiguo, en realidad, y que debía perdonarse y perdonarlo a él a fin de que disminuyera su cólera. También era evidente que su incapacidad de perdonar en otras relaciones estaba relacionada también con los abusos sexuales de su padre en la vida anterior.

Lorraine reconoció también que debía perdonar «dos veces» a su padre por abandonarla a edad tan temprana. Ahora está trabajando en eso y se siente mucho mejor respecto a su relación con él en esta vida. Sus sensaciones de abandono y enojo van cediendo. Ha llegado a comprender que sufrir un ataque cardíaco fatal no es lo mismo que ser apresado por cometer abusos. Puede ver el patrón de vida de su padre con más claridad, apreciar que mucho de lo que le ocurrió a él en esta vida se expresó como una especie de contrapunto kármico de la vida en la cual abusó de ella. Cree que, en verdad, fue obligado a abandonarla otra vez a los seis años como castigo por los abusos cometidos en aquella otra vida, aunque en realidad no quería dejarla. También ha visto que el carácter de su padre en esta vida representó un gran adelanto con respecto al de la vida en Grecia. Eso también fue curativo. Lorraine ha llegado a ver con mucha simpatía y compasión la difícil vía de crecimiento de su padre.

Lorraine no tardó en adquirir la capacidad de comprender y perdonar, en gran parte gracias a haber podido ver el flujo de vidas de su padre. Simplemente percibir un propósito o una lógica general en los hechos dolorosos puede bastar para la curación, librarse de la cólera y reemplazarla por perdón. Este proceso no es necesariamente lógico, pero lo he presenciado muchas veces.

Ahora Lorraine teme mucho menos que antes los contactos íntimos, porque comprende que el abandono y los abusos a que la sometió su padre se produjeron en una situación muy específica, no debido a un defecto o una incapacidad de ella. Por lo tanto, no tiene motivos para creer que otros puedan también abandonarla.

Como tantos otros pacientes, Mercedes, una soltera de cuarenta años, vino a mi consultorio quejándose de nerviosismo, ansiedad, pesadillas y dolores de cabeza. Era una comerciante de éxito educada en escuelas religiosas. En muchos sentidos, era muy consciente espiritualmente y meditaba desde hacía varios años. Uno de los síntomas extraños que me describió se presentaba al meditar. Durante la meditación solía volver involuntariamente la cara hacia un lado, como si se protegiera de algo.

Durante muchas sesiones probamos con los métodos tradicionales de terapia; sólo se produjo una ligera mejoría en sus síntomas. Finalmente Mercedes decidió intentar la terapia de regresión. Al principio la dirigimos hacia su niñez; esto la hizo sufrir, porque comenzó a recordar que su padre había abusado de ella, un hombre hosco y alcohólico, fallecido diez años antes. En esa sesión se descubrió apartando la cara y tapándose la boca como rechazo del sexo oral que él le había impuesto. Allí estaba la causa del movimiento de cabeza que se producía durante sus meditaciones.

Mercedes recordó también su vergüenza y su confusión cuando el padre acabó de violarla y volvió junto a la madre, ella se sintió algo alterada y deprimida. Lamentablemente, ese maltrato representaba la única atención, el único gesto afectuoso que esa niña recibió nunca. Cuando recordaba las emociones infantiles relacionadas con el abuso sexual, el miedo no era lo más importante. La emoción más destacada era el asco, como si ya estuviera bastante habituada a esa experiencia. Al parecer, el maltrato duraba desde hacía algún tiempo. En sesiones posteriores, Mercedes descubrió recuerdos de maltrato físico por parte de su madre, que la castigaba con frecuencia, impulsivamente y sin previo aviso, asustándola terriblemente. Entonces Mercedes comprendió por qué no confiaba en las mujeres.

Desenterró un recuerdo de su padre sobándola mientras estaba sentada en una palangana cuando tenía sólo un año: un recuerdo muy antiguo. Pero también recordó cuánto amaba a su padre y cuánto la amaba él, pese a los abusos. Eso la confundió mucho.

En la siguiente sesión regresó a una vida anterior. Era una mujer de veintiséis años, en los primeros años de la Edad Media. Se recordó como una esclava, encadenada al muro de la cocina del castillo, en donde trabajaba constantemente. En esa existencia sólo le retiraban las cadenas con una finalidad: para llevarla a un cuarto cerrado del castillo, donde la esperaba un hombre para utilizarla sexualmente. Mercedes recordó haber sentido más asco que cualquier otra emoción después de esos encuentros, asco parecido al que le inspiraban los abusos del padre que la amaba.

Después de esa sesión experimentó un alivio inmediato. Había logrado una mejor comprensión de sus actitudes y prejuicios sexuales. Como otras supervivientes de los maltratos, la intimidad era para ella un desafío abrumador. Mercedes disfrutaba del sexo, pero el contacto sexual era para ella algo mecánico y nada íntimo. Después de esa regresión se sintió más feliz y esperanzada. Ahora empieza a comprender y resolver los problemas de su pasado y su presente, mirando con ansias el futuro.

Uno de los aspectos más interesantes del caso de Mercedes es la experiencia de sus hermanas. Tenía dos, pero sólo una de ellas tuvo que sufrir los abusos del padre. A la otra, la mediana, siempre la dejó en paz.

Una posible explicación es que la niña a la que el padre no tocó no tuviera antecedentes de abusos o transgresiones tabúes con el padre en vidas anteriores. Si tuvieron algún vínculo, pudo existir en una esfera diferente, en otro tipo de conductas, lecciones y circunstancias.

La gente suele sacar a relucir la idea de «karma»: que, por lo que se refiere a las experiencias y las circunstancias de la vida, significa que lo que sembramos en una es lo que cosechamos en la siguiente. No siempre es la verdad estricta. Creo que experiencias como éstas no son necesariamente castigos del pasado, ni siquiera lecciones o patrones que arrastramos de existencias anteriores. Al escoger nacer en determinada familia o una serie de circunstancias en especial, uno no ha aceptado someterse a abusos. Sin embargo, ha aceptado participar en determinada lección, en cierto tipo de drama. Conservamos libre albedrío respecto a cómo se lleva a cabo determinada lección o enseñanza, al igual que los otros individuos escogidos para compartir esta vida con nosotros. Sólo por haber accedido a desempeñar un papel en esa familia, no significa que el abuso sea el resultado invariable. Parte del proceso de aprendizaje pasa por aprender a no escoger las vías más perjudiciales o destructivas. El crecimiento puede conseguirse con facilidad y alegría tanto como mediante la lucha, y entre ambas cosas hay muchos matices.

Existirá el abuso potencial, pero no es inevitable. En este sentido todas las familias son como pequeños mundos o universos interactivos, pequeños ecosistemas emocionales y espirituales que interactúan constantemente, se reajustan y vuelven a interactuar. Es un modo de comprender por qué se producen abusos entre ciertos miembros de la familia y con otros no.

La terapia de vidas pasadas favorece una mayor conciencia de temas más amplios y situaciones más complejas y expansivas. Cuando las sombras se ciernen sobre nosotros y los recuerdos no son claros, no hay nada tangible de lo cual lamentarse o desprenderse. Pero cuando se recuperan los recuerdos apropiados, la víctima de maltratos tiene un lugar desde donde alejarse para ir hacia el crecimiento futuro.

Cuando comprendemos los motivos, los patrones y las causas, experimentamos lo que muchos llaman «gracia». La gracia de la comprensión nos permite trascender la idea tradicional del karma, para no tener que repetir los mismos dramas antiguos. Nos perdonamos la necesidad de repetirlos, de experimentar dolor. Entramos en un flujo más elevado, donde la clave de nuestra vida puede ser la alegría y la armonía.

Por último, las víctimas de malos tratos necesitan recordar que, incluso en estas difíciles circunstancias, el alma nunca sufre daños. El espíritu es indestructible e inmortal.

7

Curación de la necesidad de proteger: Descubriendo las causas de la obesidad y el abuso de sustancias

Kathy es una ejecutiva de treinta y ocho años que recurrió a mí buscando tratamiento para sus síntomas de ansiedad. Sufría de un grave y creciente temor a conducir automóviles, que se manifestaba en ataques de pánico en las autopistas. A veces se aterrorizaba incluso viajando como pasajera.

Durante esos ataques experimentaba sudores, palpitaciones, aceleración del ritmo cardíaco, dificultades para respirar y temblores. Su vista se hacía «borrosa». Cuando vino a verme, Kathy había llegado a temer tanto perder el control del volante que debía tomar un sedante para conducir por la autopista.

Había probado con la psicoterapia y la biorretroalimentación, pero ninguno de esos tipos de terapia pudo erradicar sus síntomas. Las evaluaciones neurológicas eran normales. No padecía ese tipo de enfermedad cardíaca llamada prolapso de válvula mitral, que con frecuencia se asocia a los ataques de ansiedad. Cuando cogí su historial psicológico, durante nuestra primera sesión, descubrí que en su pasado no había nada particularmente traumático o abusivo. Su salud física era buena, si exceptuamos los veinte kilos de sobrepeso.

Durante nuestra segunda sesión decidí tratar de hipnotizarla. Kathy cayó rápidamente en un profundo estado hipnótico; vi que sus ojos se movían bajo los párpados cerrados y trémulos. Antes de que pudiera indicarle que regresara en el tiempo hasta el origen de su fobia al volante, comenzó a contarme un par de accidentes de automóvil sufridos en su temprana infancia, muy traumatizantes, aunque durante mucho tiempo olvidados. El primer coche en el que viajaba resbaló sobre el hielo y volcó fuera de control. Kathy quedó aterrorizada por el choque resultante y las heridas sufridas por sus familiares, aunque ella quedó indemne. En el segundo accidente fallaron los frenos y el automóvil rodó por una colina. Todos sus ocupantes estuvieron a punto de morir. Kathy lloraba al recordar estos horribles episodios, pero cuando esos traumas olvidados volvieron a su conciencia, la fobia a conducir desapareció gradualmente. Su confianza creció; ya no temía perder el control del volante. Los ataques de pánico cedieron.

Entusiasmada por el éxito y sintiéndose de perlas, Kathy solicitó enseguida una tercera sesión, para ver si podíamos hacer algo con respecto a su peso. Dijo que era obesa «desde que tengo memoria». Las dietas la ayudaban por un tiempo, pero luego recobraba rápidamente todo el peso perdido.

En el gran sillón reclinable de mi oficina, Kathy se dejó caer en el familiar trance. Pronto entró en una vida pasada. Me contó que se veía a sí misma «muy huesuda, flaca y desproporcionada, como un esqueleto con piel. Allí hay hombres de uniforme... ¡tengo quemaduras de ácido en el cuerpo! ¡Están haciendo experimentos médicos... torturas... conmigo!».

Kathy lloró al reconocerse víctima de los inhumanos experimentos médicos que los nazis realizaban en los campos de concentración durante la Segunda Guerra Mundial. En uno de esos campos murió, ya convertida en un esqueleto indefenso, finalmente liberada de su dolor. Flotó por encima de su cuerpo y pronto encontró una luz intensa, que la atraía magnéticamente. La luz la reconfortó y Kathy experimentó una increíble sensación de amor y paz.

Sin embargo, la sesión no había concluido. Sus ojos se estremecieron otra vez.

—Estoy en un lugar de aspecto francés. Es Nueva Orleans. He tenido muchos hombres porque soy prostituta.

En esa vida Kathy había contraído una enfermedad de transmisión sexual, debilitante y crónica, y se estaba muriendo. Se consumía poco a poco, famélica como consecuencia de la enfermedad. Una vez más su cuerpo era como un esqueleto viviente. Kathy murió en la misma cama en la que había contraído su mortal enfermedad. Una vez más flotó por encima de su cuerpo. Y una vez más encontró la luz intensa que no le irritaba la vista.

—En esa vida nunca encontré a nadie a quien amar —comentó melancólicamente. Su espíritu había pasado tanta hambre como su cuerpo.

En esas dos vidas pasadas había muerto en estado de inanición, reducida literalmente a piel y huesos.

—¿Hay una relación entre esas dos vidas y su obesidad actual? —pregunté, recordando la intención original de esa sesión.

La respuesta fue rápida y sin esfuerzo:

—En esta vida necesitaba el peso adicional para protegerme. Necesitaba asegurarme de que no volvería a pasar hambre. —Después de una pausa, agregó—: Pero ya no necesito esta protección.

Al haber recordado los traumas del hambre, Kathy ya no necesitaba capas de grasa que la protegieran.

En los seis o siete meses siguientes, Kathy perdió lenta y gradualmente todo el peso que le sobraba. Hasta el momento no lo ha recuperado. Lo más importante es, quizá, que haya podido iniciar una maravillosa relación romántica. Sentirse a gusto consigo misma y su nuevo aspecto fueron aspectos decididamente cruciales en sus posibilidades de dar paso a esta nueva relación.

Cuando Dee, esposa de un banquero, vino a verme, su principal síntoma era la obesidad. Tenía un sobrepeso de veinticinco a treinta kilos y llevaba años tratando de adelgazar. Dee lo había probado todo: dietas especiales, hipnosis, psicoterapia, medicación, ayuno, internamientos en institutos especializados y ejercicios. Pero nada servía. Dee se sometía a dieta en el clásico estilo «yo-yo». Rebajaba hasta cierto peso, se ponía ansiosa y rápidamente recobraba todos los kilos perdidos.

En resumen, Dee había perdido y recuperado cientos de kilos a lo largo de los años.

Dee es una mujer muy llamativa. Uno de sus terapeutas sospechaba que temía atraer a los hombres si adelgazaba. Sin embargo, una exhaustiva terapia en ese aspecto resultó tan inútil como todo lo demás.

En mi consultorio, Dee cayó en trance y se vio doscientos o trescientos años atrás; era una joven india americana «robada» por un hombre de otra tribu, que la había escogido por su gran belleza. Ese hombre la había raptado, violado y mutilado. Dee pasó el resto de esa vida entre sufrimientos y agonías. Aunque la experiencia no la mató, el dolor sufrido hizo que resolviera no volver a ser hermosa.

Entonces la india americana engordó. Esa obesidad ha persistido hasta llegar a la vida actual.

El terapeuta anterior tenía razón. En realidad, Dee temía que si adelgazaba atraería sexualmente a hombres desconocidos. Dee no había tenido relaciones sexuales con su esposo hasta bien avanzado el noviazgo, una vez establecida la sensación de familiaridad y seguridad. Pero como la causa radical de su problema no estaba en su vida actual, la terapia fracasó.

En una sola sesión de hipnoterapia había recordado y estaba curada. Los kilos de más desaparecieron rápidamente e incluso dejó atrás el límite que se había puesto. Continuó adelgazando hasta que decidió estabilizarse. Mientras adelgazaba no volvió a experimentar ansiedades, miedos ni ataques de bulimia. Y además ya no tenía miedo a la muerte. No sólo estaba delgada: también había comprendido que era inmortal. ¡En una sola sesión!

Dee mantiene su peso ideal desde hace casi cuatro años. Su experiencia de regresión también ha despertado su interés por los asuntos espirituales. Ese aspecto de su vida es ahora muy importante y le da muchas alegrías.

Dee y Kathy son sólo dos ejemplos de un grupo de pacientes, integrado principalmente por mujeres, que ha tenido éxito en la lucha contra la obesidad gracias a la ayuda de la regresión a vidas pasadas. Según mi experiencia, la necesidad de proteger el cuerpo físico de una experiencia previa de dolor, hambre, abuso sexual o violencia es una causa de obesidad que con frecuencia se origina en vidas pasadas y, por lo tanto, puede mejorar por medio de la regresión a vidas anteriores.

Algunas personas piensan que pueden utilizar la obesidad como una especie de protección mágica contra ciertos tipos de enfermedades consuntivas. Por ejemplo, quienes temen al cáncer suelen aumentar de peso, pues piensan que estar gordo equivale a estar sano. Otros consideran que el peso adicional proporciona una capa aislante entre el yo y el cuerpo, embotando la conciencia de cualquier peligro percibido (real o imaginario), y protegiendo aparentemente al obeso de los «duros golpes» de la vida.

Cuando la causa de la obesidad es el abuso sexual, la terapia de vidas pasadas puede tratar con éxito tanto los síntomas como la causa, que es psicológicamente tan grave como la carga física que el síntoma impone al cuerpo. Se trata a la persona entera. No hay necesidad de recuperar el peso, de repetir una y otra vez todo el proceso. El trauma causante ya no está oculto. Se curan simultáneamente el yo interior y el yo exterior.

En algunos pacientes, la regresión a la niñez de la vida actual es suficiente para curar una obesidad crónica y peligrosa para la salud. Hace varios años fui, por un breve período, asesor de la división de gastroenterología del hospital. Entrevistaba a pacientes que sufrían de obesidad grave, como paso preliminar a su ingreso en un programa de investigación basado en un procedimiento invasor para favorecer la pérdida de peso.

Una de las pacientes a la que había entrevistado entonces me fue remitida más adelante por un colega. Sharon pesaba ciento treinta y dos kilos y, como otros participantes del programa, nunca había logrado bajar de peso. También había probado una forma de hipnoterapia que consiste en sugestionar positivamente al paciente para ayudar a que adelgace, pero tampoco eso había dado resultado. La psicoterapia tradicional no tuvo más éxito. Fracasó con muchas dietas. Aunque perdiera peso lo recuperaba rápidamente y volvía a su habitual límite de ciento treinta kilos.

Durante la niñez y la adolescencia sólo tuvo un sobrepeso de unos cinco a diez kilos. Sólo fue poco después del casamiento cuando llegó a pesar ciento treinta kilos. Durante el noviazgo, Sharon había idealizado a su futuro esposo, y se había enamorado profundamente. Mientras tanto, su subconsciente se negaba (no le permitía ver o traer a la conciencia) algunos de los rasgos menos perfectos de la personalidad de él, como su tendencia compulsiva a flirtear con otras mujeres. Sin embargo, una vez casados, Sharon no pudo seguir ignorando la realidad por mucho tiempo. Una aventura de su esposo se divulgó públicamente y esa revelación fue el principio de su grave obesidad.

La regresión hipnótica reveló que Sharon había sido públicamente humillada, en los primeros años de la adolescencia, por un muchacho que se burló de su silueta aún en desarrollo. Eso fue un avance, pero había más. Llorosa y aún en estado de trance, Sharon recordó el origen de su obesidad: su padrastro la había sobado cuando tenía apenas cuatro años. Estos recuerdos estuvieron profundamente reprimidos durante muchos años.

La traición de su esposo fue el detonante, pero el problema se había iniciado a la edad de cuatro años y se había agravado con la humillación sufrida a los trece. No podía confiar en los hombres. Tenía que protegerse de ellos. La solución consistió en engordar tanto que ningún hombre la encontrara atractiva; de ese modo nadie volvería a hacerla sufrir.

Después de esa sesión de hipnosis, en que recordó el abuso sexual infantil, Sharon comenzó a perder peso. Su voraz apetito cedió, permitiéndole comer con sensatez. Una breve psicoterapia solucionó pronto su desconfianza con respecto a los hombres. Desde nuestra sesión, Sharon ha adelgazado setenta y cinco kilos y no los ha vuelto a recuperar.

Gerald Kein, eminente hipnoterapeuta, ha tratado a miles de personas con problemas de obesidad, durante más de veinticinco años de práctica profesional. Cuando le pedí su opinión sobre estos casos y otros parecidos, me dijo que, según su experiencia, no basta la sugestión pos-hipnótica (el tipo de hipnosis que Sharon había probado sin éxito antes de acudir a mí) para ayudar al paciente a alcanzar el peso deseado, si el sobrepeso supera los quince o veinte kilos y se ha mantenido durante un largo período.

En otras palabras, cree que la hipnosis tradicional que emplea la sugestión directa (por ejemplo: «Usted comerá sólo tres veces al día; su estómago se sentirá lleno entre comidas; comerá sólo alimentos nutritivos») no tiene éxito en el tratamiento de la obesidad crónica. Esta sugestión puede ayudar al paciente a seguir la dieta y a perder temporalmente algunos kilos, pero éstos casi siempre se vuelven a recuperar.

Sin embargo, Kein ha descubierto que la regresión a la causa de la obesidad crónica (ya se encuentre esa causa en importantes experiencias de la niñez o en las vidas pasadas del paciente) sí cura el trastorno. Y también ha descubierto que, cuando se trata efectivamente la obesidad con terapia de regresión, el adelgazamiento suele ser permanente.

Mis experiencias con Kathy, Dee, Sharon y otros pacientes obesos confirman las observaciones de Kein. Cuando se puede descubrir la verdadera causa de la obesidad mediante la regresión al origen, sea en la niñez de esta vida o en vidas pasadas, el sobrepeso parece simplemente desaparecer. La mayoría de mis pacientes que se han sometido a esa técnica ha conseguido resistirse a posteriores aumentos de peso significativos. Si empiezan a engordar otra vez suele bastar con una sesión en la que se experimenta de nuevo o se repasa el recuerdo para revertir la tendencia.

Este método sirve también en pacientes que tienen la tendencia hereditaria a la obesidad. En la actualidad se está prestando mucha atención a la posibilidad de heredar ciertos genes que nos predisponen a la obesidad crónica. Aunque es cierto que esa herencia genética puede existir, es importante recordar que una tendencia es sólo tendencia, no algo seguro.

La regresión a vidas pasadas proporciona a los pacientes fuerza y los instrumentos necesarios para superar cualquier tipo de predisposición. Las tendencias no son inevitables, irresistibles ni irreversibles. Con la regresión a vidas pasadas y la comprensión ulterior, se puede revertir una tendencia física con tanta facilidad como cualquiera de las tendencias psicológicas que hemos analizado en estos capítulos.

Quizás el conocimiento de la fuente de esta curación esté

ya profundamente imbuido en nosotros. Cuando pregunto a una persona obesa desde cuándo tiene un problema de sobrepeso, la respuesta suele ser: «Desde siempre.»

Los adictos al alcohol, drogas, etcétera, también suelen tener una profunda conciencia de que su problema viene de muy lejos. A veces la tendencia al abuso de sustancias se arrastra desde vidas anteriores. O bien se traen de otra vida, con la consiguiente sensación de atemporalidad y eternidad, los problemas que una persona trata de disimular consumiendo alcohol o drogas.

En un caso u otro, los pacientes que se enfrentan al desafío de un restablecimiento tienen frecuentemente una necesidad subyacente en común con los obesos: la necesidad de proteger.

Como el sobrepeso, las drogas y el alcohol parecen proporcionar una capa aislante entre la persona y sus sentimientos, miedos y dolores causados por otros. Las drogas también pueden permitirle al adicto no hacerse responsable de su vida, pues siempre puede culpar de sus problemas al alcohol o a las drogas. Es fácil utilizar la adicción como excusa para los fracasos, las desilusiones o errores, en vez de aceptar esos contratiempos con realismo y utilizarlos como una oportunidad de crecer.

A diferencia de la obesidad, la motivación para el abuso de sustancias suele encerrar un elemento de escapismo; proporciona un método para reprimir recuerdos o sentimientos.

En este sentido, el embotamiento de la conciencia con drogas y alcohol puede ser una forma lenta de suicidio. Al igual que éste, el abuso de sustancias es un modo de escapismo, de evitar asuntos que te resultan intolerables. A veces, quienes abusan de sustancias y se someten a la terapia de regresión a vidas pasadas descubren que se han suicidado en otras vidas y que aquello de lo que pretendían huir anteriormente ha reemergido ahora con mayor violencia. Esta vez la necesidad de escapar se ha traducido en un suicidio más lento y en el escapismo de la adicción.

En algunos casos, en una vida anterior se «malgastaron» las oportunidades de crecer por no ser capaz de enfrentarse a asuntos dolorosos. Tal vez en esa existencia se evitaron asuntos vitales encubriéndolos con estados alterados inducidos por el alcohol o las drogas. Aunque los asuntos pueden ahora ser diferentes, tal vez se repita la tentación de utilizar la misma «vía de escape».

De cualquier modo, la única manera de deshacerse tanto de ese problema vital como de la trampa de las drogas es enfrentarse a ellos y resolverlos de un modo espiritual y realista.

Una vez se ha realizado una profunda intervención, la terapia de vidas pasadas está en condiciones de tratar las causas subyacentes de la adicción, que puede tener sus raíces en relaciones familiares difíciles y/o en un abuso infantil previo. En algunos pacientes el problema central puede estar relacionado con sentimientos de cólera o violencia, puesto que el consumo de alcohol y drogas facilita la expresión de dichos sentimientos. En otros puede tratarse de un problema de valor o autoestima. El alcohol puede proporcionar una falsa confianza en uno mismo.

Rara vez trato a pacientes que se encuentran en la etapa aguda de una adicción al alcohol o a las drogas. La hipnosis no es efectiva cuando una persona está bajo la influencia de estas sustancias. En esta etapa aguda, el adicto debería buscar ayuda en un programa de internación o un grupo de ayuda, como Alcohólicos Anónimos. Los que vienen a mi consultorio han seguido generalmente un programa de desintoxicación y tienen interés en resolver problemas cruciales de su vida. Con frecuencia han llegado a la conclusión de que el abuso de sustancias es un síntoma que ha suprimido o les ha proporcionado un modo de escapar de traumas dolorosos. Con frecuencia, estos pacientes reconocen que su adicción era mucho más dolorosa que el suceso traumático inicial.

El trabajo con el niño interior y la terapia de regresión a vidas pasadas proporcionan un método para suprimir tanto el dolor como la conducta de inadaptación. Desde la perspectiva del niño interior, los hábitos perjudiciales parecen valer la pena si alivian tan enorme dolor. Pero desde la perspectiva del adulto, el dolor puede parecer manejable. Uno puede librarse de él y, de ese modo, desaparece también la necesidad de embotar, de insensibilizar y de mantener hábitos protectores.

Los adictos en proceso de recuperación pueden ser excelentes candidatos para la terapia de vidas pasadas, porque el problema del alcoholismo o la drogadicción suele encontrarse en el centro de una trayectoria espiritual. La recompensa para quienes superan la adicción es inestimable. El proceso puede proporcionar una vía acelerada de crecimiento espiritual. Mediante la comprensión, la fe y la sabiduría se pueden superar el alcoholismo y la drogadicción.

Sarah era alcohólica desde hacía muchos años. También pasaba por periódicos ataques de agudo consumismo. Sin embargo, no era maníaco-depresiva y no necesitaba litio. Una cuidadosa investigación de su infancia reveló una disfunción acentuada en su familia. Estaba involucrada en una clásica situación de codependencia con su esposo. Ocho años de psicoanálisis no habían cambiado sus conductas. Había fracasado en la terapia de grupo y en un programa para drogadictos internos.

Sólo cuando comenzó a investigar sus vidas pasadas se inició una mejoría espectacular. Descubrió que, en vidas anteriores, ella, sus padres y su esposo habían compartido repetidas relaciones en las que eran alcohólicos, o había maltratos, violencia, asesinatos, suicidios, etcétera. Los detalles en sí no eran tan importantes como los patrones recurrentes. Sarah resolvió romper este esquema, al comprender que la familia estaba condenada a repetir interminablemente ese drama destructivo hasta que hubieran aprendido la lección.

—Debo perdonarlos... —musitó, después de recordar una muerte traumática previa— y sólo puedo hacerlo a través del amor. Debo expresar mi amor renunciando... debo perdonarlos... a ellos y a mí misma.

Y lo hizo. Ahora Sarah medita regularmente, trabaja como voluntaria con discapacitados graves y ya no abusa del alcohol ni malgasta el dinero como forma de satisfacer su ego.

Lo que ayudó a su recuperación fue el hecho de que comprendiera los patrones repetitivos de conducta destructiva hacia ella misma y su familia, modelos que abarcaban vidas enteras. La experiencia del estado de profunda relajación, casi de bienaventuranza, inducido por la regresión hipnótica, fue también de gran ayuda. Parecía hablarme desde una perspectiva más elevada, más objetiva y consciente. No estaba enojada ni ansiosa; no criticaba. Veía claramente patrones, causas y efectos, raíces de síntomas, manipulaciones, etcétera. Era como si su percepción de la realidad estuviera muy agudizada.

He descubierto que la experiencia de la terapia de regresión puede servir de apoyo al proceso de recuperación en doce pasos de Alcohólicos Anónimos. He aquí, para información del lector, los doce pasos de AA:

Paso uno:	*Admitimos que éramos impotentes ante el alcohol, que nuestra vida se había vuelto ingobernable.*
Paso dos:	*Llegamos a creer que un Poder más grande que nosotros nos devolvería la cordura.*
Paso tres:	*Tomamos la decisión de entregar nuestra voluntad y nuestra vida al cuidado de Dios, tal como lo entendíamos.*
Paso cuatro:	*Hicimos un profundo y valiente inventario moral de nosotros mismos.*

Paso cinco:	*Admitimos ante Dios, ante nosotros mismos y ante otro ser humano la naturaleza exacta de nuestros errores.*
Paso seis:	*Nos dispusimos por completo a que Dios nos librara de todos esos defectos de carácter.*
Paso siete:	*Le pedimos humildemente que eliminara nuestras deficiencias.*
Paso ocho:	*Hicimos una lista de todas las personas a las que habíamos perjudicado y nos dispusimos a dar cumplida satisfacción a todas ellas.*
Paso nueve:	*Dimos satisfacción directa a esas personas cuando fue posible, salvo cuando no podíamos hacerlo sin perjuicio para ellas o para otros.*
Paso diez:	*Continuamos haciendo el inventario personal y, cuando nos equivocamos, lo admitimos de buen grado.*
Paso once:	*Buscamos, mediante la plegaria y la meditación, mejorar nuestro contacto consciente con Dios tal como lo entendíamos, pidiéndole sólo que nos diera conocimiento de Su voluntad con respecto a nosotros y el poder de llevarla a cabo.*
Paso doce:	*Tras despertar espiritualmente como resultado de estos pasos, tratamos de llevar este mensaje a los alcohólicos y de practicar estos principios en todos nuestros asuntos.*

Muchos de los problemas tratados en la terapia de vidas pasadas se corresponden con estos doce pasos. La base de ambos es la espiritualidad. Ambos reconocen la primacía de un poder o plan superior. Esto no implica un contexto religioso formal. El poder puede ser descubierto dentro de uno mismo.

La espiritualidad es una fuerza de vital importancia. Gracias a ella puede cambiar una vida. Cambian los valores. La gente se torna menos violenta, codiciosa, egoísta. Pierde miedos. Tras haber tenido estas experiencias se las cuentan a otros, que a su vez llevan el mismo mensaje a muchos más.

En último término, tanto en la obesidad y la drogadicción como en cualquier forma de sufrimiento, el mecanismo de curación pasa por el proceso de liberarse del miedo.

El mecanismo curativo central de la terapia de regresión a vidas pasadas es la transmutación del miedo en amor. Éste es el mensaje de curación que quienes han experimentado la regresión a vidas anteriores difunden y (es de esperar que así sea) practican en todos los aspectos de su vida.

¿Cómo se hace? Conociéndose a sí mismo. Mirando hacia dentro y viendo con claridad. Comprendiendo y adquiriendo sabiduría. Siendo más alegre y apacible. Ésta es la esencia de cualquier curación de vidas pasadas.

8

Curación de la aflicción

Un hombre de cincuenta y cinco años agonizaba en un gran hospital universitario, víctima de un cáncer de pulmón.

Por un tiempo, la quimioterapia había detenido el avance de la enfermedad, pero finalmente el cáncer letal se impuso. Leonard esperaba la muerte. Cuando podía, pasaba el tiempo conversando con Evelyn, su esposa, o con los médicos. Afortunadamente estos médicos se tomaban tiempo para escucharlo.

—¿Cuánto tardaré en morir? —le preguntó Leonard a su médico, un día.

—No lo sé. Podría suceder en cualquier momento o dentro de bastante tiempo —respondió el doctor.

Entonces ambos conversaron sobre dejar de luchar y ser capaz de morir.

La esposa participaba en esa conversación, reconfortada y cómoda con las palabras y los pensamientos.

Después de esa reunión la pareja conversó aún más.

Era como si algo hubiera eliminado una barrera entre ellos. Leonard y Evelyn empezaron a pasar más tiempo juntos.

Al deteriorarse el estado terminal del enfermo, su nivel de conciencia empezó a fluctuar. A veces estaba semicomatoso. En otros momentos, bastante alerta. Evelyn pensaba que él tenía alucinaciones.

—Leonard se siente flotar —le dijo la esposa al médico.

—Tal vez no sean alucinaciones —replicó el doctor—. Muchos pacientes me dicen lo mismo. ¿Hay algo más? Esas cosas me interesan.

Con eso el oncólogo dejaba abierta la simbólica puerta. Había hecho saber a Evelyn que a él se le podían decir esas cosas, por extrañas que parecieran.

Al día siguiente, cuando el médico hizo su ronda en el hospital, Evelyn tenía algo nuevo que decirle.

—Dijo que flotaba otra vez y que eso le hacía bien. Oyó que alguien hablaba junto a la puerta y flotó hacia allí.

El doctor supuso que Leonard había oído una conversación entre enfermeras ante su cuarto.

—No —corrigió Evelyn—. Eran personas que esperaban para darle la bienvenida.

Al día siguiente a Leonard le quedaba apenas un hilo de vida.

—Dijo que flotaba otra vez —contó Evelyn al médico—. Fue hacia la gente que esperaba tras la puerta.

Desde la cama, Leonard hizo un gesto de asentimiento ante el relato de su esposa.

—La gente le mostró un libro grande; en él figuraba el nombre que llevaría en su vida siguiente. Sonaba a paquistaní o indio. Me dijo el nombre de pila, pero no pudo ver el apellido.

Leonard se animó.

—Cubrieron el apellido —susurró, con voz ronca. Me dijeron—: No, aún no debes verlo.

Ese mismo día, algo más tarde, Leonard dijo a Evelyn que veía llegar un autobús que lo llevaría a alguna parte. Luego pronunció algunas palabras más, apenas audibles.

—Morir no es una pérdida —susurró a su mujer—. Es parte de la vida.

Ésas fueron sus últimas palabras. Murió por la tarde.

Evelyn lloró su muerte, pero también se sentía reconfortada. Ahora estaba segura de que el alma de Leonard continuaría viviendo después de la muerte. Y sus palabras finales habían cambiado su propia percepción de la muerte. Se sentía mucho más serena con respecto a la inevitabilidad de morir.

Nunca jamás volvería a sentir tanto miedo de la muerte.

En realidad, el médico de Leonard era el doctor Peter Weiss, mi hermano menor. Él y su esposa, la doctora Barbra Horn, son especialistas en hematología y oncología en St. Louis, Misuri. En la práctica privada se especializan en el tratamiento del cáncer. También son miembros de la facultad clínica de la Universidad de Washington.

La vida personal y profesional de Peter y Barbra ha cambiado debido a sus relaciones con los pacientes, así como por las discusiones que han mantenido conmigo sobre nuestra propia experiencia, y la de otros colegas, con respecto a la vida y la muerte, experiencias que nos han enseñado mucho sobre el verdadero significado de la muerte.

Estamos agradecidos a pacientes como Leonard y muchos otros, porque sus experiencias nos proporcionan más información y nuevas perspectivas respecto al proceso de morir; ojalá podamos compartirlas con otros moribundos y con quienes lloran su pérdida, para enseñarles y curarlos. De estos pacientes hemos aprendido que la muerte no debe ser, principalmente, una experiencia de miedo, pérdida y separación. Este paso, el más desafiante de la vida, también puede ser un momento de curación, expansión y nuevos comienzos.

Peter estaba tratando a un paciente llamado Matthew, un estoico profesor de sesenta y cinco años, renuente a hablar de sus sensaciones; agonizaba de un doloroso cáncer de páncreas, de rápido desarrollo. Por fin Peter y él empezaron a comunicarse en un plano más personal. Una vez más, mi hermano dio a su paciente una sutil señal de que con él se podía hablar de cualquier cosa, por raro que el asunto pareciera.

—Es extraño que usted lo mencione ahora —admitió el profesor—. Vino un ángel y me preguntó si estaba listo para partir. Le pregunté si era necesario. El ángel dijo que no y se fue.

Peter preguntó al profesor cómo sabía que su visitante era un ángel.

—Por la luz intensa que hay dentro y alrededor de él, y porque está muy encumbrado en la jerarquía religiosa —fue la enigmática respuesta.

Pocos días después reapareció el ángel.

—¿Ya estás listo? —preguntó suavemente.

—Todavía no —respondió el profesor.

El ángel permaneció allí. Por entonces el cáncer de Matthew estaba muy avanzado y le causaba muchas molestias; por lo que necesitaba un analgésico muy potente sólo para atenuar el dolor. Sin embargo, el hombre conservaba su agudeza mental.

Matthew vio que el ángel metía la mano en su abdomen y retiraba algo parecido a un ladrillo pardo. De inmediato el dolor desapareció y el paciente se sintió mucho mejor.

Entonces el ángel se fue otra vez.

El dolor volvió lentamente. Pero también regresó el ángel y retiró otro ladrillo. El sufrimiento cesó por completo y no se le suministraron más analgésicos. Las visitas del ángel curativo proporcionaron a ese hombre lógico y estoico un gran consuelo y esperanza.

Su estado clínico empeoró aún más. Pero ese hombre, que antes sufría de dolores insoportables, murió serenamente y en paz. Finalmente Matthew debió de haber respondido que sí a la pregunta del ángel.

En general, médicos y terapeutas saben muy poco acerca de la muerte, el acto de morir y el dolor. Quienes han sufrido una pérdida comprenden un poco más el dolor, pero en su mayoría, los profesionales de la salud hacen poco más que describir las etapas de la muerte y los síntomas del dolor.

No explican qué ocurre con quienes pasan de la agonía a la muerte y más allá. No proporcionan todos los instrumentos necesarios para aliviar el dolor. Obviamente, no pretendemos saberlo todo sobre el proceso espiritual de morir, pero experiencias como las de Leonard y Matthew empiezan a proporcionarnos esos instrumentos.

La terapia del dolor debe comprender tanto acontecimientos psíquicos como ideas espirituales. Quienes han tenido experiencias de cuasi-muerte, regresiones a vidas pasadas o al estado entre dos vidas, viajes fuera del cuerpo y ciertos fenómenos psíquicos relacionados con la vida o la conciencia, generalmente no sienten un pesar tan profundo. Saben algo más que los demás. Saben que la conciencia no muere nunca.

Quienes saben que van a morir suelen pasar por el proceso de llorar su propia muerte, proceso que se inicia en cuanto se les comunica el diagnóstico de una enfermedad terminal, como puede ser el cáncer. La persona moribunda puede experimentar sentimientos de negación, enojo y desesperación. También los parientes y amigos suelen empezar a llorar la pérdida mucho antes de que se produzca la muerte.

El pesar puede convertirse con facilidad en depresión clínica. El moribundo o sus allegados se sienten abatidos, desesperanzados y creen que nada puede ayudarlos. El dolor psicológico se hace agudo y omnipresente. Se pierden las pautas de sueño, la capacidad de concentración, el apetito y los niveles de energía. Los amigos tratan de animar al doliente, de distraerlo, procurando alejarlo de la desesperación, pero de nada sirve. Sin embargo, el pesar de pacientes y familiares se puede curar antes de la muerte. Cuando se enteran de las maravillosas experiencias de otras personas, como las que se narran en éste y otros libros, pueden recobrar algunas esperanzas. Se puede alentar al moribundo y a sus allegados a compartir experiencias y descubrimientos intuitivos. Pueden conversar sobre la posibilidad de reunirse en otra vida. Son capaces de expresar amor. Aceptan la muerte con más calma y facilidad. Una experiencia horrible se puede transformar en un período de franqueza, de compartir cosas, de amor y, en ocasiones, incluso de humor.

Otra paciente de Peter, matriarca de una gran familia italiana, se estaba muriendo a causa de un recrudecimiento agudo de su leucemia. Silvia aceptaba bien su muerte; la creía mucho más inminente de lo que Peter pensaba.

—Voy a morir el sábado —anunció un día.

—¿Cómo lo sabe? —preguntó Peter.

—Simplemente lo sé —respondió ella.

Ese sábado por la mañana, al entrar en el cuarto de Silvia, Peter encontró allí a toda la familia. Tuvo la sensación de que se estaba representando una escena teatral. Había allí un sacerdote que estaba administrando los últimos sacramentos a la enferma. En algún punto del drama, el cura dijo:

—Y ahora llegará un mensaje de Dios.

En ese momento sonó el teléfono.

No era Dios.

Todo el mundo se echó a reír y la tensión disminuyó.

Ese mismo día, algo más tarde, Silvia tuvo una vívida experiencia en la que abandonó el cuerpo y se vio atraída hacia una luz bella, cálida y reconfortante. Dijo a Peter que esa luz era atrayente y tridimensional. Tal vez, finalmente, llegó el mensaje de Dios.

Silvia murió una semana después.

Peter describía así una de sus más memorables experiencias con un paciente moribundo y sus familiares:

—Se trataba de diecisiete miembros de una familia irlandesa, numerosa y muy unida. Pero todos estaban atemorizados y enojados por la inminente muerte de un familiar. Hablé con los diecisiete sobre la muerte, y les enseñé a separarse con amor, a despedirse, a aceptar lo que ocurría. La familia experimentó una transformación y una curación asombrosas. Comenzaron a dialogar, a abrazarse, a amarse. Eso me conmovió profundamente.

Con frecuencia, ese tipo de sucesos es tan convincente y extraordinario que el paciente teme revelarlos al médico, por miedo a que éste descarte por trivial la preciosa experiencia y tome al paciente por alguien raro o estrambótico. Cuando el paciente tiene la seguridad de que puede hablar de estas experiencias, la comunicación entre él y el médico alcanza un nuevo nivel.

El vínculo curativo se fortalece. Peter y Barbra dedican tiempo a escuchar a sus pacientes y a los familiares. Consideran una responsabilidad estar con los moribundos, no sólo para proporcionarles una excelente atención médica, sino también para darles apoyo psicológico. Esto les infunde una inmensa satisfacción, consuela a los demás y por ambas partes se aprende mucho.

—Ya no me desespero tanto —dice Peter—, pues ahora sé que la muerte es parte natural de la vida. Sigo haciendo lo posible por curar a mis pacientes, pero cuando la muerte es inevitable ya no la tomo como un fracaso personal.

Estamos ensanchando los horizontes con una nueva forma de ayuda, en la que el profesional no se limitará a identificar las etapas del dolor sino que también podrá comunicar una comprensión más espiritual, abierta e inteligente de la experiencia de la muerte.

Ojalá que con esta nueva forma de ayuda, sus allegados y quienes lo atienden puedan aprender y crecer juntos.

Según una encuesta realizada en 1990 por una empresa afiliada a la Organización Gallup, The Princeton Religious Research Center, aproximadamente uno de cada dos norteamericanos cree en la percepción extrasensorial. Como las extraordinarias experiencias que suelen producirse durante el acto de morir, las experiencias psíquicas relacionadas con un ser amado fallecido también pueden provocar profundos cambios en la vida de una persona y en su actitud frente a la muerte. Al integrar estos sucesos, capaces de alterar la vida, pueden presentarse la curación y el crecimiento. Disminuyen el pesar profundo y el miedo a la muerte, sobre todo cuando las experiencias psíquicas parecen estar relacionadas con «el más allá».

Una pareja de esposos, ambos respetados médicos de Miami, vinieron a verme a fin de describir un fenómeno extraño que ambos habían presenciado. El padre de la mujer había muerto poco antes. Alrededor de una semana después de su muerte, ocurrida en Colombia, tanto ella como su esposo vieron el cuerpo del padre, refulgente y algo traslúcido, que los saludaba con la mano desde la puerta del dormitorio.

En ese momento ambos estaban completamente despiertos. Se acercaron para tocarlo, pero al hacerlo las manos pasaron a través del cuerpo.

El padre se despidió con un gesto y desapareció de súbito. Nadie dijo una palabra. Más tarde, al comparar impresiones, los dos médicos descubrieron que habían visto la misma forma física, el mismo cuerpo radiante y el mismo gesto de despedida.

En otro incidente, un respetado profesor de psiquiatría de la Universidad de Miami vino a hablar conmigo después de leer *Muchas vidas, muchos maestros*.

Yo esperaba que el hombre se mostrara cortés y, a la vez, escéptico. Me llevé una sorpresa.

—Verá usted —comenzó—: durante muchos años he creído en secreto que estos fenómenos parapsicológicos son reales. Hace años mi padre soñó vívidamente con su hermano. Ese hermano gozaba, aparentemente, de buena salud; sin embargo apareció en el sueño para despedirse. «Ahora tengo que dejarte —le dijo—, pero estoy bien. Cuídate.» Por la mañana mi padre despertó con la seguridad de que su hermano había muerto.

Una llamada telefónica confirmó enseguida esa certeza intuitiva. Durante la noche, el hermano, que no tenía antecedentes de problemas cardíacos, había muerto de un ataque al corazón en otra ciudad, a ochocientos kilómetros de distancia.

Otro caso interesante me llegó en una carta enviada por una empresaria de Miami:

Aunque durante muchos años me ha sido muy difícil hablar de esto, quiero compartir con usted mi experiencia con la muerte de un ser amado. En mis años de estudiante estuve comprometida con otro estudiante. Al cabo de dos años rompimos y dos años después me casé con otro. Pasé ese tiempo trabajando en la ciudad de Nueva York; sabía que él había aceptado un puesto en Los Ángeles. Pasaron varios meses antes de enterarme de que había muerto en un accidente de tráfico. Antes de que amigos comunes me informaran de ese fallecimiento prematuro, él me visitó en sueños durante varias semanas seguidas.

Se presentaba siempre afligido, llorando y sin saber claramente dónde estaba. Me pedía que lo ayudara; no entendía ese limbo en el que se encontraba y no estaba seguro de haber muerto. Yo no tenía miedo, pero me preocupaba su bienestar. Por entonces aún no sabía que había muerto. Después de varias visitas a un médium y consejero espiritual, se me dijo que, efectivamente, el joven en cuestión había muerto, y permanecía muy cerca de mí; debido a esta confusión, le parecía natural y seguro buscar mi ayuda.

Entrevistando a pacientes y efectuando regresiones a vidas pasadas, he descubierto que no es raro entre quienes sufren una muerte súbita y violenta aferrarse al plano terrestre y pasar un tiempo confundidos, como en el limbo. No obstante, a su debido tiempo hallan el camino hacia la maravillosa luz y la presencia espiritual de un guía o un amor universal; entonces continúan hacia delante.

Varias personas más, entre quienes vienen a mi consultorio, me han descrito visitas similares poco después de la muerte física de un ser amado. Algunos dicen incluso haber recibido llamadas telefónicas de los que acababan de morir, llamadas que les han causado escalofríos. En mi opinión profesional, estas descripciones y muchas otras de las que he escuchado provienen de personas normales, que no sufren alucinaciones.

Parece que un propósito primordial de ese tipo de experiencias es dar aliento a los vivos para que calmen su pena a través de la comprensión. Como los pacientes de mi hermano Peter, quienes pasan por estas experiencias llegan a comprender que no morirán jamás, que sólo muere el cuerpo. Pues la muerte es inevitable. La muerte es nuestra manera de crecer, de pasar de una lección a otra, de una vida a la siguiente. Todos moriremos; pero, según lo que he aprendido de la terapia de regresión a vidas pasadas, casi todos hemos muerto muchas veces antes de esta vida.

Es una buena noticia. Significa que la mayoría de nosotros ha crecido significativamente, ha podido saborear nuevas experiencias de vida sin perder la fuerza, el talento e incluso los amores anteriores. También significa que continuaremos creciendo aun después de la muerte.

Martha fue otra paciente que acabó con su dolor casi como una recompensa por seguir una terapia de experimentación de vidas pasadas. Martha, de veintiséis años, se dedicaba al montaje de películas; recurrió a mí diciendo que no tenía síntoma alguno, pero que deseaba pasar por la experiencia de regresión por pura curiosidad, para ver «qué pasaba».

El simple deseo de investigar y saber más es un estupendo motivo para intentar la terapia de vidas pasadas. No sólo quienes padecen síntomas pueden beneficiarse, crecer y vivir más placenteramente gracias a ese método de crecimiento espiritual.

Martha se introdujo rápidamente en la pauta de regresión de flujo de momentos clave. Primero se vio en un muchachito que presenciaba la ejecución de un ahorcado encima de una tarima. En ese momento clave, Martha era víctima de las bromas de sus hermanos mayores, quienes la estaban fastidiando. Luego vio su hogar en esa vida y comprobó que su padre de entonces era su difunto padre actual. Más adelante, en esa vida anterior, fue reclutada y permaneció en el ejército. Se casó y vivió sin eventualidades hasta morir de vejez en un lecho de piedra. Durante la experiencia de muerte, Martha encontró la luz por encima de ella y voló hacia allí, atravesando velozmente el espacio y el tiempo con otros espíritus hasta fundirse con la luz dorada para hacer un análisis de su vida. Durante esa revisión comentó que el día de aquella ejecución había sido muy importante para ella, pues había aprendido la diferencia entre el bien y el mal y la futilidad de la violencia, pese a que, por entonces, su primordial preocupación eran las bromas de sus hermanos.

Al pasar a otra vida, Martha se vio en un hombre anciano, vestido con algo parecido a una toga. Tenía barba blanca y tocaba una lira. Ése fue su único recuerdo, aunque tuvo una clarísima sensación de que toda esa vida había sido muy feliz. En la tercera vida que recordó era una mujer de pelo oscuro y ojos verdes, madre de dos pequeños que le brindaban muchas alegrías.

Al terminar la sesión discurrimos para tratar de integrar la experiencia de Martha. Me dijo que le parecía estupendo haber recordado tres vidas llenas de alegría y felicidad. Dijo que la regresión la ayudaba mucho. Como era joven y estaba apenas en el comienzo de su vida adulta, la aliviaba poder recordar existencias anteriores felices, para crear una felicidad duradera en ésta. Eso le parecía más real y tangible, menos abstracto.

Pero Martha me dijo también, con sorpresa, que la experiencia la había ayudado a calmar una antigua y persistente aflicción por la muerte de su padre, acaecida cuatro años antes. La ayudaba a aclarar su propia concepción de la muerte. Ahora sabía que ambos habían compartido antes la existencia. Existía la posibilidad de que se volvieran a encontrar. La experiencia le demostraba que la muerte, como final definitivo, no existe. Aunque su padre ya no estuviera físicamente con ella, la animaba saber que su conciencia seguía viva.

Para Martha, librarse de esa aflicción fue un beneficio inesperado del proceso. Sin embargo, otros pacientes buscan la regresión a vidas pasadas específicamente con esa finalidad.

Rena es una abogada de veintiocho años, que se casó con un eminente columnista de unos treinta años. Sólo tras varios años de matrimonio, el esposo de Rena descubrió trágicamente que sufría un cáncer terminal. Durante su enfermedad discutió mucho con ella sobre la vida después de la muerte y la existencia de otras realidades. Rena creía firmemente en ambas cosas, pero Jim era sumamente escéptico.

Como periodista dotado de gran capacidad para el razonamiento, tenía un prejuicio profesional que le impedía aceptar la existencia de lo que no pudiera verificar empíricamente. No sólo se negaba a tener en cuenta esas posibilidades, sino que trataba de minar la fe personal de Rena en la vida posterior y en la inmortalidad del alma, que era uno de sus grandes consuelos ante el pesar por la inminente pérdida de su esposo. Las discusiones continuaban en tanto el estado de Jim iba empeorando. Él se encolerizaba cada vez más, tanto por su enfermedad como por las creencias de Rena. También parecía aumentar su miedo.

Por fin lo hospitalizaron. Él y Rena sabían que el fallecimiento era inminente. Sin embargo, justo antes de la muerte ocurrió algo asombroso. Le dijo serenamente a Rena que había visto a un anciano sentado en una silla, en la habitación; el anciano le había manifestado que estaba esperando para llevarlo en su viaje. Agregó que ella tenía razón desde un principio y que el equivocado era él. Jim se disculpó por haberse mostrado tan recalcitrante y expresó la esperanza de que Rena continuara investigando y aprendiendo después de su desaparición.

Tras darle la noticia a la atónita Rena, ese hombre colérico, agitado y temeroso se enfrentó en paz con su próxima muerte.

Jim murió al día siguiente.

Cuando Rena vino a verme, me dijo que estaba muy agradecida por haberse reconciliado con Jim sobre ese importante asunto antes del fallecimiento. El maravilloso cambio provocado por la aparición del anciano también había sido curativo para Rena. La confirmaba en sus propias creencias, en circunstancias difíciles en las que recibir confirmación era un don precioso.

Su visita se debía a muchos motivos. Aún estaba afligida

y nerviosa por la reciente pérdida sufrida. Necesitaba integrar mejor esa importante experiencia de muerte: no sólo el dolor, sino también el profundo crecimiento y la curación que comenzaban a florecer en ella. Y su visita a mi consultorio era también un modo de cumplir su promesa de continuar estudiando e investigando la vida después de la muerte, la espiritualidad y la inmortalidad del alma.

Lo interesante es que Rena, en su experiencia de regresión, no se dirigió directamente a su relación con Jim. En cambio sus recuerdos parecieron transmitirle un mensaje sobre un nuevo y maduro terreno de aprendizaje y crecimiento. Rena regresó a una vida en la que había sido un indio americano del siglo XVII, que ayudaba a atender y a curar a los niños peregrinos enfermos. Después de la sesión recordó que, cuando niña, siempre elegía los proyectos escolares relacionados con los peregrinos y parecía saber mucho sobre ellos.

Terminada la sesión consideró que había experimentado de modo directo su propia inmortalidad. Más importante aún: la regresión parecía descubrir en su propio pasado talentos hasta ahora desconocidos, que podría volver a desarrollar en su vida actual.

Queda por ver si eso atañe al cuidado de enfermos, al trabajo con niños o a su interés con ciertos episodios de la historia norteamericana. La sabiduría interior subconsciente que la hizo volver a esa vida en especial puede estar transmitiendo también a su conciencia el mensaje que ayudó a Jim a afrontar su agonía y su muerte.

Lo cierto es que esa sesión, cuyo objetivo era ayudarla a acabar con el dolor, incentivó tanto como la muerte de Jim su crecimiento, sorprendiéndola con otra clave para la mejor comprensión de sí misma. Señaló muchas direcciones nuevas y experiencias que aún puede tener ante sí.

La experiencia de Jim y Rena es un ejemplo muy profundo del potencial de crecimiento y curación que tiene la experiencia de la muerte. Muchos moribundos dicen haber sido visitados por un guía o una persona sabia que los está esperando. El nivel de conciencia del paciente no parece influir. Ya esté alerta, ya afectado por la medicación, no se pueden descartar estas experiencias considerándolas como una mera alucinación. Si un ser amado nos habla de una visión similar justo antes de la muerte, podemos ahuyentar nuestras dudas y confiar en que la experiencia es real.

Philip era un diseñador de programas informáticos que buscó el proceso de regresión a vidas pasadas para calmar una pena. Philip y Eva, su esposa, habían perdido dos hijos por un extraño defecto congénito; la niña y el varón murieron a edad muy temprana, a los tres y cuatro años. Tal vez el aspecto más trágico de la historia sea que se habría podido evitar la pérdida del segundo. Cuando se diagnosticó la enfermedad en la primogénita, los médicos dijeron a Philip y a Eva que el defecto no era hereditario y que, por lo tanto, bien podían tener otro hijo perfectamente sano. Sin embargo, el consejo fue erróneo; Philip y Eva tuvieron que pasar nuevamente por la pérdida de un hijo, esta vez sabiendo que la tragedia y los sufrimientos del pequeño se habrían podido evitar. En ellos se entremezclaban inextricable y arrolladoramente los sentimientos de responsabilidad, pérdida y pesar.

Cuando Philip vino a mi consultorio habían pasado varios años de la tragedia, pero él continuaba sufriendo. Como técnico en informática, con varios cursos de especialización, estaba muy preparado para utilizar el razonamiento lógico y analítico; pero también tenía una arraigada educación católica, orientación que lo hacía encontrarse a gusto con una amplia variedad de fenómenos y experiencias espirituales. Desde la muerte de sus hijos, Philip había visitado varias veces a un famoso vidente que parecía poder comunicarse con los pequeños, pero éste había muerto poco antes. Philip tenía la sensación de que ya no tenía ninguna posibilidad de ponerse en contacto con sus hijos y eso aumentaba su pena.

Basándome en los resultados que había observado en otros pacientes, me pareció que una experiencia de regresión podía brindarle una nueva perspectiva para enfrentar sus pérdidas.

Philip resultó ser buen sujeto para la hipnosis. Pronto estuvo en un trance profundo y relajado; parecía pasar por una vívida experiencia de vidas anteriores. Dijo que estaba en una pradera alpina, muy arriba en las montañas, rodeado por una profusión de flores silvestres. De pronto vio a sus hijos que se le acercaban, algo mayores en edad. Corrieron hacia él y bailaron a su alrededor, riendo y cantando. Luego se les unieron los padres de Philip, ambos fallecidos, y también su abuelo materno, con quien había mantenido una relación muy estrecha.

Primero los niños, luego los padres y el abuelo, se acercaron a cogerle las manos. Philip describió el contacto con sus hijos: lo real de la sensación, el vigor con que apretaban, lo mucho que habían crecido y lo fuertes que se los veía. Mirándolo a los ojos, todos se comunicaron profundamente con él. Le dijeron que lo amaban. Que no debía preocuparse, porque todo estaba bien, porque ellos estaban bien. Eran felices en esa pradera y en esa dimensión. La alegría brillaba en sus ojos y en sus sonrisas.

Obviamente, pese a lo vívido del escenario, ésa no era una experiencia de vidas pasadas. En el trance, Philip parecía haber entrado en otra dimensión.

Aun antes de iniciar el proceso integrador de esa sesión, resultó obvio que la experiencia había sido catártica en el aspecto emocional. Me dijo que estaba feliz de haber tenido esa experiencia directa de contacto con sus hijos. Al describir la sensación de sus manos entre las suyas lloraba literalmente de alegría. Su experiencia en la pradera le permitió finalmente desprenderse de la culpa, el dolor y la indefensión que lo agobiaban desde hacía tantos años. Obtuvo una comprensión de la inmortalidad del alma y previó que en su vida habría optimismo y que cobraría un renovado sentido.

Desde esa regresión Philip continúa gozoso. La carga que llevaba desde hacía tantos años no ha reaparecido.

Los críticos pueden comentar que reuniones como ésta no consisten sino en fantasías o en la satisfacción de deseos. Pero la fantasía y la satisfacción de deseos no producen las poderosas energías curativas que suelen conseguirse cuando el paciente vuelve a vincularse con la naturaleza eterna del alma y experimenta sus lazos con los amados difuntos. Martha, Rena y Philip se sintieron extraordinariamente mejor después de las experiencias en trance; todos dijeron que, como resultado de ésta, se habían librado de los síntomas de dolor y ansiedad.

Aquéllos cuyos casos se narran en este capítulo han aprendido que la muerte no es absoluta. En último término, la gran curación está en ese conocimiento. El ser amado no se ha perdido. Después de la muerte se mantiene un vínculo con él.

Quienes pasan por esta experiencia o conocimiento aprenden que la muerte no es tanto un final como una transición. Es como cruzar una puerta para entrar en otra habitación. Según sea el nivel de desarrollo o interés psíquico o espiritual, la comunicación con alguien que está en el cuarto vecino puede ser muy clara o intermitente; también puede no haber comunicación alguna. No obstante, cualquiera que sea la naturaleza de esa conexión básica, se puede mejorar en cuanto los allegados entiendan que la separación no es definitiva ni absoluta. Como Martha y su padre, ellos y sus seres queridos han estado juntos y se han separado anteriormente. Pero se les permitió reunirse. Como Philip, descubren que la conciencia del ser amado sólo ha muerto en el aspecto físico.

Esto brinda a los familiares una gran esperanza de volverlos a ver en el futuro. Naturalmente, tal vez no se reúnan en las mismas relaciones o circunstancias que imperaron en la vida actual. Por ejemplo: padre e hija pueden reencontrarse como amigos, como hermanos o como abuelo y nieto. Pese a todo, las almas continúan reuniéndose una y otra vez.

En cierto modo, el pesar del moribundo es el pesar por la pérdida del ser; en ese sentido, la regresión a vidas pasadas también puede ayudar mucho. Quienes la experimentan o saben de ella comprenden que la muerte no significa la desaparición del ser en la nada o la oscuridad. Los pacientes me han mostrado que significa, simplemente, que en la sabiduría del alma el cuerpo ya no es necesario. Ha llegado el momento de que el alma salga del cuerpo para existir en un estado espiritual, no físico. La conciencia es inmortal, tanto como los aspectos de la personalidad.

Con frecuencia el alma vuelve a una nueva vida con los mismos talentos y habilidades que una persona poseía en su existencia anterior. A veces la gente llega a encontrarse con capacidades desconocidas en su vida actual, después de recordar haberla tenido en vidas anteriores.

El ser tiene muchos niveles diferentes. Somos seres maravillosos, multidimensionales. ¿Por qué limitarnos mentalmente restringiendo nuestra definición del yo a la personalidad y el cuerpo que existen en el aquí y el ahora? El espíritu entero no está encapsulado en el cuerpo y en la mente consciente. La parte del ser que existe aquí es, con toda probabilidad, sólo un fragmento del espíritu entero.

Sin duda, existe la posibilidad de que, mientras Philip se reunía con sus hijos en la pradera, otro aspecto de las almas de los niños estuviera creciendo y desarrollándose todavía más en una nueva encarnación. La versatilidad y el potencial del alma son ilimitados e infinitos. Las ideas y experiencias esbozadas en este capítulo son, probablemente, sólo la punta del iceberg en cuanto a la capacidad de explicar las dimensiones plenas del alma.

El místico Yogananda ha dicho que la vida es como una larga cadena dorada, que flota en lo profundo de un océano. Sólo se puede sacar y examinar un eslabón a la vez, mientras el resto reluce bajo la superficie, tentador e inalcanzable. Lo que ahora sabemos de la muerte, en definitiva de la vida y el alma, es probablemente sólo un eslabón de esa cadena dorada. A medida que integramos nuestro pesar en el crecimiento, podremos levantar más y más partes de esa dorada cadena de gozo y sabiduría, sacándola del océano del ser hacia la luz.

9

Abrir la mente al poder
de las experiencias místicas

Hace poco fui invitado a un programa de entrevistas de una radio de Cleveland. Los oyentes llamaban desde sus casas, oficinas, teléfonos móviles o públicos. Muchos de ellos me demostraron su apoyo y compartieron sus experiencias personales conmigo, con el conductor del programa y con otros oyentes. Otros fueron menos amables. Una señora se enfadó bastante.

—¿No sabe usted que es pecado?

Supuse que se refería al concepto de la reencarnación. No era así.

—La hipnosis es pecado —prosiguió—. Jesús dijo que era pecaminosa. ¡Pueden entrar demonios en el cuerpo!

Yo sabía que Jesús no se había manifestado acerca de la hipnosis. Por entonces la palabra no estaba en uso. La hipnosis no se utilizó como instrumento terapéutico hasta el siglo XVII, por lo menos, en la época de Mesmer. Sin embargo tomo en serio todas las preguntas y comentarios. Tal vez la señora se refiriese a algún estado similar de conciencia alterada o concentración focalizada, aunque la palabra «hipnosis» aún no hubiera sido acuñada.

Pensé durante unos instantes.

—Si la hipnosis es pecado —aventuré—, ¿por qué la archidiócesis de Miami nos envía monjas, sacerdotes y empleados para que los hipnoticemos?

Reconozco que no se nos enviaba a esa gente para que la tratáramos con terapia de regresión. Pero hacía ya más de una década que utilizábamos la hipnosis para ayudarlos a dejar de fumar, adelgazar o aliviar las tensiones.

La mujer guardó silencio durante un par de segundos, mientras evaluaba esa nueva información. Luego volvió a hablar, sin aflojar una pizca.

—No sé cómo son las cosas en Miami —prosiguió, confiada—, ¡pero en Cleveland es pecado!

El conductor del programa me miró y contuvo a duras penas una carcajada.

Acabábamos de trabar conocimiento con el concepto de pecado local.

¿Por qué estaba tan furiosa la señora de Cleveland? Tenía miedo porque la idea de hipnosis era nueva para ella y amenazaba su concepto de cómo debían ser las cosas. Yo había desafiado su visión de la realidad, su forma de captar el mundo. La había asustado. Por lo menos era sincera.

Cuando comento esta anécdota en los talleres de trabajo provoca siempre una gran carcajada. Pero parte de esa risa es la de quien se reconoce a sí mismo y sabe qué significa que una idea o concepto nuevo desafíe tu propia visión del mundo. Y esa idea podría resultar ser muy importante. En realidad es probable que todos nosotros nos las hayamos tenido que ver, siquiera una vez en la vida, con uno de esos conceptos, aunque haya sido diferente para cada uno. Y todos nos hemos beneficiado con las ideas nuevas y amenazadoras que se presentaron en algún momento de la historia.

La historia es lo que mejor enseña el crecimiento que se puede obtener si descartamos nuestro temor a ciertas ideas nuevas. Algunas de ellas han abierto importantes caminos nuevos en la ciencia, la economía, la política, la literatura y las artes. Algunas han proporcionado acceso a nuevas geografías y han permitido nuevas cartografías del espacio. Las ideas han ensanchado mucho los horizontes interiores de lo que nuestros antepasados podían alcanzar, sentir, saber y comprender.

En 1633 Galileo fue juzgado por la Inquisición por presentar una teoría, basada en su experiencia científica directa y en la observación con un telescopio de su propia creación, según la cual la Tierra rotaba sobre su propio eje alrededor del Sol. El Sol sólo parecía rotar en torno de la Tierra. Así Galileo refutaba la antigua teoría del universo geocéntrico.

«¡Herejía!», dijo la Iglesia. Y Galileo fue encerrado en una torre. Para que lo liberaran, este brillante científico, que había llegado a ser profesor de matemáticas de la prestigiosa Universidad de Pisa a la edad de veinticinco años, fue obligado a desdecirse. Sólo entonces lo dejaron en libertad.

Isaac Newton, que nació en 1642, el día en que murió Galileo, aprovechó la obra del sabio de Pisa para desarrollar su propia teoría de un universo mecanicista, que funcionaba mediante fuerzas físicas y sin la intervención divina.

La obra de Newton fue aceptada y la percepción que la humanidad tenía del funcionamiento del universo cambió para siempre. Pese a muchas tentativas de la Iglesia, la obra de Galileo fue finalmente aceptada y mereció grandes elogios. Hoy en día todos los escolares saben de él, no sólo por la importancia de su trabajo científico, sino por el modo en que demostró que la gente descubre la verdad mirando en su interior y confiando en sus propios pensamientos y experiencias, en vez de confiar en lo que otros le enseñan como verdadero. La obra de Galileo abrió el camino a nuevas formas de ver la ciencia, la religión y la historia intelectual y cultural. Su trabajo cambió nuestro modo de ver la realidad.

Para la señora de Cleveland pudo ser igualmente dramático aceptar la idea de que la hipnosis puede curar. Podría ser la llave que la abriera a muchas formas nuevas de crecimiento personal. Muchos de nosotros podemos tropezar un día con una idea que cumpla en nuestra vida la misma finalidad. En los primeros capítulos de este libro hablé del papel de la mente al prepararnos para la experiencia de regresión, pero a veces la mente desempeña algo más que un pequeño papel en la regresión a vidas pasadas. A veces, durante la terapia, descubrimos que es uno de los protagonistas del proceso de curación. Sin importar hasta qué punto estemos preparados, podemos descubrir que la lección más importante es transformar los miedos y las limitaciones en mayor poder y placer.

Para muchos de nosotros, la experiencia de regresión nos permite descubrir que lo que se nos dijo cuando éramos pequeños, algo contra lo que quizás hemos estado luchando toda la vida, no es cierto.

Esa creencia que nos incomoda puede ser una enseñanza religiosa, una idea sobre la naturaleza del universo o algo relativo a la ciencia; quizá se trate de algo totalmente distinto. Sea lo que fuere, como resultado de la experiencia de regresión podemos descubrir que esa creencia ha interferido en nuestra propia experiencia de la verdad. También podemos descubrir que esta creencia ha dificultado de algún modo, tal vez de forma muy ínfima y sutil, nuestro crecimiento personal, poder o capacidad de disfrute. Al liberarnos de esa creencia contradictoria, conseguiremos que desaparezca la antigua manera de mirar y pensar ciertas cosas.

Para empezar, ¿cómo adquirimos esa creencia limitativa? La persona que nos la inculcó puede haberse equivocado. Quizás aceptemos lo que se nos dijo cuando éramos muy jóvenes sin haberlo meditado o sin confirmarlo por la experiencia propia. Pero eso no cambia la verdad. Es absoluta y, como el amor, constante.

Cuando se acepta la verdad, las posibilidades de la vida parecen aumentar. Para algunas personas, la lección consiste en abrirse a la verdad y el amor.

Anita era un ama de casa de cuarenta y dos años, cuya educación cultural y religiosa había sido intensamente italiana y católica. Cuando vino a verme, «sólo para ver qué pasaba», estaba tomando medicamentos para contrarrestar su grave depresión.

Presentaba los síntomas habituales de una depresión clínica: humor disfórico, dificultades para dormir, desesperanza y falta de energías. Este estado suele indicar un sentimiento de impotencia, palabra que desde luego describía a Anita. Se sentía oprimida por su familia, su ambiente religioso ritualista y, especialmente, por el modo en que estas dos fuerzas parecían determinar su conducta en la vida.

En nuestra primera entrevista, Anita se comportó con mucha deferencia y timidez, pero al mismo tiempo se las compuso para confesar que se sentía oprimida y bloqueada. La deprimía en especial su relación con el padre, quien insistía en ser muy exigente y autoritario con su hija adulta. Anita se sentía ofendida por las limitaciones que le imponían las exigencias del padre, pero al mismo tiempo ese enfado la hacía sentirse culpable.

No se creía capaz de enfrentarse al padre y remediar la situación debido a la estricta obediencia filial que su catolicismo le exigía. Temía que, si se oponía al modo de tratarla de su padre, ya no podría considerarse una buena católica.

Como Anita era una mujer profundamente religiosa, la perspectiva de rechazar «a Dios» o distanciarse de él la afligía sumamente. La tensión entre su apego a la religión y la necesidad de satisfacer sus propias necesidades había activado cierta tendencia biológica heredada hacia la depresión, exacerbada por su relación con el padre. Y, por añadidura,

Anita estaba muy perturbada por el hecho de que su religión no aceptara la reencarnación, concepto en el que creía firmemente y que era el motivo que la traía a mi consultorio.

Aunque yo no tenía expectativas específicas para la sesión, no habría sido extraño que Anita regresara a una vida anterior relacionada con el poder. Podía ser una existencia en la que ella abusara del poder, y que hubiera causado su timidez actual y su depresiva sumisión a la autoridad. O por el contrario, algo que repitiera o dilucidara de algún modo la impotencia actual o su experiencia con el padre.

Sin embargo, al iniciar la regresión ocurrió algo desacostumbrado. Anita no entró en una vida pasada: fue a un lugar que parecía estar entre dos vidas. Semejaba un jardín, lleno de enorme sabiduría. Brillaba una luz purpúrea y dorada, y había muchos guías sabios. De pronto, desde ese lugar, esa mujer apocada y deferente empezó a enseñarme profundas verdades sobre el amor y la sabiduría.

—Cuando quieras consolar a alguien, no escuches sus palabras; las palabras pueden confundir o ser erróneas —me aconsejó Anita, serenamente—. Ve directamente al corazón, directamente al dolor. Las palabras pueden estar rechazándote, pero aun así la persona necesita consuelo.

Me divirtió oír esas palabras. Otros pacientes, al llegar a sitios similares, habían repetido los mismos pensamientos. Esa mujer, que no era erudita, teóloga, filósofa o psicóloga, me estaba enseñando algo muy importante sobre la naturaleza humana.

Anita tenía más que decir. Empezó a pronunciar otro bello pensamiento fragmentario procedente de ese lugar entre dos vidas:

—... Alinear el amor de la mente al amor del corazón. Entonces estamos en armonía, en equilibrio.

Acababa de expresar algo muy próximo a una clásica definición esotérica de la sabiduría, que implica la fusión de la mente y el corazón. Esa mujer, sin ninguna preparación ni estudios esotéricos, estaba enseñando espontáneamente la sabiduría.

Cuando Anita regresó de su sereno estado alterado se mostró profundamente afectada por la experiencia mística. Se produjeron algunos cambios muy interesantes. Su sensación de impotencia comenzó a disminuir, y fue reemplazada por un sentimiento de poder y fortaleza personal. Su depresión cedió gradualmente y no se ha repetido. Ahora que tiene su propia experiencia de la verdad se siente menos oprimida por la percepción de los valores católicos tradicionales. Tiene más confianza en sí misma para redefinir su relación con el padre, a lo que se ha dedicado gustosamente. Ahora lo ama más, porque su experiencia de regresión le permitió comprender, profunda y personalmente, la parte importante que desempeña el amor en la gracia.

También puede ver a su padre con más claridad, ve que también él tiene sus propios miedos y limitaciones. Él se ha convertido en una figura real y al mismo nivel que ella y Anita lo ha perdonado.

Hace poco me reveló que su experiencia, al suministrarle acceso directo a la verdad, le ha proporcionado una inesperada «recompensa». Ha descubierto que tiene cierta capacidad para curar. Por ejemplo: descubrió que las fiebres de sus hijos responden a su contacto. Se ha entrevistado con algunos curanderos reconocidos y se siente que está a punto de emprender un camino largo, maravilloso y excitante.

Un niño que había nacido con defectos cardíacos congénitos fue sometido a varias operaciones a corazón abierto a los tres meses de edad, a los dos años y medio y nuevamente a los cinco. Durante las intervenciones estuvo varias veces a punto de morir; los médicos no esperaban que sobreviviera. A los ocho años le dijo a su madre que, mientras estaba aún inconsciente en la sala de vigilancia intensiva, tras una de esas intervenciones, había recibido la visita de «ocho hombres chinos», que le hablaron sobre su recuperación. El niño comentó que uno de los chinos «tenía una espada y la hacía girar constantemente». La usaba con frecuencia para cortarse la barba, pero ésta volvía a crecer casi de inmediato. Describió a los ocho «tipos chinos» con todo lujo de detalles.

Al investigar el asombroso caso de su hijo, la madre descubrió la representación física y filosófica de los «ocho tipos chinos» de su hijo. Son los Pa Hsien u Ocho Inmortales, representaciones taoístas de personajes históricos que han alcanzado la inmortalidad. Uno de ellos es tal como su hijo lo describió: Lu Tung-Pin, santo patrono de los barberos, quien recibió una espada mágica como recompensa por haber resistido a diez tentaciones.

El niño asegura que aún recibe la visita de los «ocho hombres chinos» y que éstos continúan proporcionándole información. Ésta es su experiencia mística directa de la verdad y la orientación, que él acepta por completo, gozosamente y sin cuestionamientos, y que proporciona consuelo en los momentos traumáticos y aterradores. Sin las trabas del filtro mental de los adultos sobre lo que está «bien» o «mal» creer, el niño puede aceptar una fuente directa de orientación y una experiencia directa de la espiritualidad. A diferencia de su madre, muy curiosa y bienintencionada, no tiene ninguna necesidad de comprobar los hechos.

Hace poco tuve una paciente de Georgia. Beth era una mujer de unos cincuenta y dos años, que administraba una agencia inmobiliaria. Se había separado de su esposo, un hombre sumamente autoritario, que tenía una aventura con otra mujer. Al mismo tiempo, Beth reconocía que se entrometía demasiado en la vida de sus hijos, ya adultos. Como resultado de la separación matrimonial, paso que en lo personal era positivo para ella, se había tomado como propios los problemas profesionales y amorosos de sus hijos, un varón y una mujer. Beth sentía la necesidad de compensar exageradamente la distancia que su esposo mantenía con respecto a los hijos; esa responsabilidad se sumaba a otros problemas, por lo que se sentía deprimida y abrumada.

Beth no estaba familiarizada con la literatura esotérica. Había leído *Muchas vidas, muchos maestros*, pero casi nada más sobre fenómenos psíquicos, vidas pasadas u otros temas relacionados. La preocupaban sobre todo sus relaciones y quería aliviar la sensación de tristeza y desesperanza.

En estado hipnótico, Beth comenzó a relatar un episodio que me hizo recordar algo que había leído sobre Edgar Cayce, el legendario médium y vidente.

Beth se encontró en una finca o jardín mágico con bellos prados y laderas, y salpicado de raras estructuras o edificios de cristal. Se detuvo enseguida frente a un gran edificio especialmente bello, con incrustaciones de mármol. En ese momento se le unió un sabio-guía, vestido con una túnica blanca. Juntos ascendieron la escalinata que conducía al edificio. Beth tuvo la sensación de que esos peldaños le eran vagamente familiares. Una vez adentro descubrió que en ese edificio había muchas habitaciones, como en una biblioteca. Su guía le mostró una habitación grande y la condujo a un estante en especial, donde ella encontró un libro con su nombre en el lomo. Lo abrió en una página donde figuraban las circunstancias de su vida actual. Beth descubrió que, si volvía las páginas del libro hacia atrás, podía leer sobre sus vidas pasadas, y así lo hizo. Yo la observaba mientras ella hojeaba el volumen con los ojos cerrados. Parecía estar experimentando y absorbiendo muchas cosas, pero no tenía necesidad de compartir ese conocimiento conmigo. Le dijeron que, en otras páginas del libro estaban sus vidas futuras; pero el guía le pidió, en un tono muy cariñoso, que no mirara esas páginas. En el libro Beth encontró también lo que llamó su «nombre de alma». Después de una visita de una hora regresó aunque contra su voluntad.

La mujer deprimida y triste que había entrado en mi consultorio ya no existía. Comenzó a tranquilizarme, asegurándome que su experiencia había sido bella y maravillosa; su semblante revelaba que tenía muchas esperanzas, que ya no tenía nada que temer.

Según me contó, le dijeron que ya había estado en ese lugar, aunque en un momento que no era el correcto. Por eso los peldaños le parecían familiares. En el libro leyó por qué había elegido pasar por su vida actual. Sus problemas y obstáculos no se debían a la casualidad, sino que habían sido ideados para acelerar su progreso espiritual. Esos desafíos, según el guía, le enseñarían muchas cosas sobre el amor, los celos y el enojo. Era en las vidas difíciles donde se lograba más crecimiento y progreso. Las vidas fáciles, dijo, eran algo así como un «descanso».

Al parecer, Beth, al igual que Anita, tuvo una experiencia mística. Fue al lugar donde las almas descansan, reflexionan y se regeneran entre una vida y otra, un sitio descrito con todo detalle en *Life Between Life*, de los doctores Joel L. Whitton y Joe Fisher. En ese lugar el alma puede presentarse ante unos cuantos guías, repasar lo que ya ha vivido y decidir qué vida experimentar a continuación.

Mientras ella hablaba, comprendí que Beth no sabía con exactitud qué libros o registros estaba leyendo. No tenía conciencia de estar pasando por el esotérico proceso de revisión de la vida. Simplemente estaba recibiendo las respuestas que necesitaba; en este caso no se basaban en relaciones pasadas, sino en lecciones espirituales. Entonces comprendí cuál era la verdadera pregunta que Beth me había planteado al venir a verme: «¿Por qué elegí esta vida tan difícil?»

Mediante esta rara experiencia de regresión, Beth había hallado una respuesta. También obtuvo una perspectiva más amplia y un conocimiento especial de la espiritualidad.

Es cierto que la superación de obstáculos y dificultades acelera el progreso espiritual. Las dificultades más graves de una vida, como una enfermedad psíquica grave o una incapacidad física, pueden ser señales de progreso, no de regresión. En mi opinión, con frecuencia son las almas muy fuertes las que han elegido soportar esas cargas, pues les proporcionan grandes oportunidades para crecer. Si una vida puede compararse a un año en la escuela, vidas como ésas corresponderían a un año de estudios de posgrado. Probablemente por eso las vidas difíciles son las que con mayor frecuencia se recuerdan durante las regresiones. Las vidas fáciles, los períodos de «descanso», no suelen ser tan significativas.

Beth había logrado una nueva serenidad, mayor poder en su propia vida y la capacidad de buscar el crecimiento futuro. Su percepción mental de la realidad había cambiado de una manera profunda; su percepción de su propio potencial para alcanzar la alegría aumentó espectacularmente.

A veces, lo que nos proporciona alegría es superar nuestro miedo a expresar nuevas ideas al mundo. Mi primera experiencia con un vívido recuerdo de una vida anterior ocurrió durante una sesión de masajes de acupresión para los dolores crónicos de espalda y cuello.

Pocos meses antes de que se publicara *Muchas vidas, muchos maestros*, recurrí a un terapeuta de acupresión (shiatsu), para aliviar ese dolor recurrente. Como las sesiones se llevaban a cabo en silencio, yo aprovechaba ese rato de tranquilidad para meditar. En la tercera sesión llegué, al cabo de una hora, a un estado de relajación muy profundo. Mientras el terapeuta trabajaba con mis pies, me sobresalté al captar una escena de otro tiempo. Yo no dormía, estaba bien despierto. Sabía dónde estaba mi cuerpo, pero estaba viendo y experimentando unas imágenes que estaban más allá de mi mente.

En esa escena yo era más alto y delgado; tenía una pequeña perilla oscura y vestía una túnica multicolor. Estaba de pie en la explanada exterior de un edificio extraño, examinando las plantas. Al mirar a ese hombre a los ojos, supe que era yo mismo. Sentí sus emociones. Pude ver con sus ojos. No sabía si eso era una fantasía o no, pero seguí observando, presenciándolo todo.

Estaba en una época antigua. El hombre era un sacerdote, un miembro importante de la jerarquía religiosa. El edificio era claramente geométrico, plano arriba, con una base más amplia y flancos inclinados. Había siete u ocho niveles; las hierbas crecían arriba y en los costados. Los distintos niveles estaban en algunos puntos conectados por amplias escalinatas. Me vi examinar las plantas y pensé: «Parecen tropicales, pero no son plantas que se encuentren en Miami.» Muchas eran grandes y verdes; yo nunca las había visto. Gradualmente cobré conciencia de una palabra que tenía en la mente: zigurat. No sabía qué significaba.

Miré al sacerdote, pasando alternativamente de su perspectiva y visión a otra exterior, objetiva y total. Cobré conciencia de su vida; su anterior idealismo, su espiritualidad, habían dado paso a los valores materiales en cuanto ascendió a un puesto de gran poder y autoridad. Incluso contaba con la confianza de la familia real. En vez de utilizar su posición para fomentar los valores espirituales, la hermandad y la paz de su pueblo, aprovechó su poder para satisfacer la codicia y la lujuria y para conseguir aún más poder. Me entristecí. Qué desperdicio. Tantos años de objetivos idealistas, estudios y luchas, desperdiciados por imperativas pero mundanas ansias.

El sacerdote murió a edad avanzada, sin recobrar jamás las virtudes y el idealismo de su juventud.

Tuvo que dejar su riqueza en esta vida, el poder, la posición y el cuerpo. Volví a experimentar una gran tristeza. Había desperdiciado una buena oportunidad.

Esa noche volví a recordar la palabra: zigurat, y la busqué en la enciclopedia. Zigurat es el nombre que reciben los templos de forma geométrica que yo había visto, templos de la época asirio-babilónica. Los jardines colgantes de Babilonia eran un ejemplo de zigurat. ¡Quedé aterrorizado! No recordaba haber estudiado eso.

Pocos años después de esta experiencia organicé un taller de cuatro días para dar clases sobre la regresión en Boca Raton. Asistieron unos treinta terapeutas, en su mayoría psiquiatras y psicólogos de todo el país. Trabajábamos entre ocho y doce horas diarias; cada uno de los presentes practicaba la regresión con otro y a su vez actuaba como paciente. Un sistema cerrado como ése, con muchas personas brillantes y cargadas de energía, puede llegar a ser muy intenso, y esa intensidad me afectó.

De hecho, me afectó tanto que en la segunda noche desperté en medio de un sueño vívido. Una vez despierto, el sueño continuó desarrollándose, mientras yo me mantenía en un profundo estado hipnagógico.

Ese sueño se basaba en un recuerdo de cierta vida anterior. En esa vida yo estaba prisionero en algún lugar de Europa, durante la Edad Media. Me tenían cautivo en algo que parecía una mazmorra. El cuarto era subterráneo, hecho de piedra. Yo estaba encadenado a la pared por un solo brazo; me torturaban por mis creencias, sobre todo por hablar de la reencarnación, que en ese país católico no era aceptada. Mi torturador no ponía empeño en la tarea, simplemente obedecía órdenes. Tras varios días de tormento, fallecía.

Al terminar el sueño yo continuaba en estado hipnagógico. En ese estado, altamente creativo, recordé la vida que había experimentado varios años antes, en la que yo era un poderoso sacerdote que había abusado del poder para obtener gratificaciones materiales. Entonces oí una voz.

—Cuando tuviste la oportunidad de enseñar la verdad, no lo hiciste —dijo la voz, suave y cariñosa—. Después, cuando no tenías la oportunidad, lo hiciste. En esa vida moriste por esta creencia, aunque no hacía falta. Habría sido más fácil y provechoso que hablaras del amor. En ese momento no era adecuado querer imponer ese tema. Esta vez —prosiguió la voz, con la misma suavidad, refiriéndose a mi vida actual— hazlo bien.

En ese momento comprendí que la finalidad de mi vida era, en parte, transformar el miedo en amor y sabiduría. No podía sentir miedo a enseñar.

Atrapados en la rutina diaria, a veces nos dejamos dominar por las preocupaciones y la ansiedad, tan interesados por nuestra posición social, la apariencia física y lo que otros piensen de nosotros que olvidamos nuestro ser espiritual, nuestra verdad absoluta, nuestro poder interior. Nos preocupan tanto la reputación, el puesto, no dejarnos manipular por los demás en su «provecho», la posibilidad de pasar por tontos, que a veces perdemos el valor de ser espirituales. Tenemos demasiado miedo de saber y experimentar nuestro amor y nuestro poder.

Los tiempos están cambiando. A los científicos que presentan ideas nuevas y audaces ya no se los encarcela como a Galileo. La lucha es ahora más interna y personal. Se está difuminando el límite entre el concepto intelectual y la experiencia mística directa.

Hace poco, algunos físicos de una eminente universidad se pusieron en contacto conmigo. Estaban trabajando con un maestro del taoísmo chino para ver si podían descubrir el modo de cartografiar, explicar y reproducir el arte de Qi Gong, que favorece la salud por medio de movimientos, meditación y trabajo de energía, en una combinación del misticismo oriental y la ciencia occidental. Me invitaron a ir allí para explicarles el proceso de regresión a vidas pasadas, que es un componente esencial de la modalidad curativa del Qi Gong. A mi llegada, esos físicos de mente abierta comenzaron a tratar también la idea de la reencarnación.

Actualmente se dialoga mucho sobre estos temas en todo el país. Físicos y psiquiatras se están convirtiendo en los místicos de los años noventa. Estamos empezando a confirmar lo que los místicos de otras épocas sabían por intuición, que todos somos seres divinos. Lo hemos sabido durante miles de años, pero lo olvidamos. Y para conocer nuestro poder y volver al hogar debemos recordar lo que es realmente verdad. Debemos recordar cuál es el camino.

10

Enriqueciendo la vida

Blair era una mujer muy acaudalada y atractiva que buscaba en la terapia una ayuda para resolver sus problemas conyugales. Sentía que su esposo estaba minando su personalidad, haciendo que se sintiera impotente.

En la regresión, Blair recordó haber sido un indio americano, perteneciente a una tribu de las Grandes Llanuras. Recordó un día de esa vida en la que estaba sola, caminando hacia el norte pisando el profundo polvo blanco de una nevada reciente. Blair describió el sonido crujiente que hacían sus pies; dijo que se sentía en unión con la naturaleza circundante y saboreaba apaciblemente el simple acto de caminar por ese paisaje. Disfrutaba intensamente de esa soledad completa y perfecta.

Mientras continuaba caminando por la nieve, Blair se maravilló de la fuerza de esa persona, su conocimiento de la naturaleza, su sentido del equilibrio, la armonía, el poder y la belleza. Comenzó a apreciar su capacidad de dejarse absorber por el curso natural de las cosas y el placer que eso brindaba.

Cuando integramos ese recuerdo, después de la regresión, Blair reconoció que esa sensación de libertad y las cualidades intrínsecas eran, exactamente, lo que ella necesitaba en su situación actual. Podía ser feliz sin necesidad de nadie; podía regodearse en la soledad. Su satisfacción no dependía de su esposo: ella era tan fuerte y autosuficiente como él. Estos atributos ya no eran hipotéticos para Blair: los había experimentado. Ya fuera puramente recuerdo de una vida anterior o remembranza aumentada por la metáfora, le permitió explotar la parte más fuerte y libre de sí misma y, en el proceso, pudo trascender lo que ella percibía como circunstancias limitantes de su vida.

Aunque la terapia de vidas pasadas puede curar rápida y profundamente problemas físicos y emocionales significativos, no es necesario padecer una grave dificultad para beneficiarse con ese proceso. También pueden sacar provecho de él aquellas personas con plenas capacidades que padecen alguna pequeña dificultad o preocupación.

Felice, una atractiva mujer de unos treinta y dos años, también presentaba síntomas que, sin ser dramáticos, influían significativamente en su calidad de vida. Sufría de falta de autoestima y de confianza en sí misma. También temía a la oscuridad. Durante la regresión recordó una vida antigua en la que había sido una muchacha fea y deforme, que vivía con su tribu en una caverna. Su comunidad la rechazaba y se burlaba de ella por causa de su aspecto; como resultado ella había padecido una grave soledad. Felice recordó que pasaba casi todo el tiempo acurrucada en los rincones más alejados y oscuros de la caverna, para que nadie la viera. Al fin esa pobre chica marginada murió a edad temprana.

Obviamente, esa vida tenía relación con su actual falta de autoestima. Felice arrastraba parte del dolor y de la pobre imagen que tenía de sí misma en esa época, aunque ya no había una base real para sentirse así. Esa vida también parecía explicar su miedo a la oscuridad.

Cuando Felice comprendió el origen de sus síntomas, adquirió mucha más confianza en sí misma y mejoró la imagen que tenía de sí.

Hank era un joven que parecía tenerlo todo; a los veintiocho años era un abogado de éxito, con buenos ingresos, apostura, un cuerpo atlético y muy atractivo para las mujeres.

En general, parecía que a Hank todo le iba bien en el mundo. Sin embargo, vino a mi consultorio quejándose de falta de satisfacción, melancolía, depresión periódica y ansiedad. Sentía que su vida, en realidad, carecía de sentido.

En la terapia de regresión tuvo un recuerdo del año 1874. En esa vida era un esclavo negro manumitido. El recuerdo no pasó de ser un breve y fragmentario momento clave, pero muy vívido. En él Hank estaba confinado en una oscura leñera, donde una autoridad desconocida lo azotaba en la espalda.

Pese a su brevedad, la experiencia lo afectó profundamente. Aunque este recuerdo no le proporcionó una revelación trascendental sobre su situación actual, le pareció que arrojaba alguna luz sobre ciertas sombras de su historia, como su anormal rebelión adolescente.

Después de la sesión se sintió mucho mejor. Haber pasado por la experiencia de recordar una vida pasada pareció darle un nuevo sentido a su vida actual. La melancolía y la infelicidad se evaporaron. Aunque no se alteraron las circunstancias exteriores de su vida, que ya eran buenas, se sentía más satisfecho al saber que su vida contenía una sabiduría más elevada. Comprendió que las circunstancias y los hechos de su vida actual tienen un sentido y que la muerte no les pondrá fin.

La terapia de vidas pasadas puede desencadenar fuerzas ocultas, como descubrió Blair. Como Felice, muchas personas pueden beneficiarse con la posibilidad que ofrece la terapia de vidas pasadas de señalar el origen de las tergiversaciones en la percepción de uno mismo. Y el caso de Hank demuestra que, al ofrecer una experiencia personal y directa de la espiritualidad y una mayor sabiduría, la terapia de vidas anteriores puede reemplazar vagos sentimientos de infelicidad y falta de objetivos por una nueva sensación de serenidad y de tener unos propósitos claros.

Si se tiene un bloqueo creativo, la terapia de vidas pasadas puede a veces revelar la fuente del bloqueo en una vida anterior y eliminarlo, abriéndonos un nuevo camino de creatividad, vigor y diversión.

Tricia es una conocida conductora de un programa de entrevistas políticas. Tiene mucho éxito en ese exigente y presionante trabajo. Además es muy querida. Tricia deseaba escribir un libro. Sin embargo, esta mujer inteligente y flexible, capaz de improvisar en un segundo, era incapaz de sentarse delante del ordenador y dejar que surgieran las palabras. Buscó la terapia para que la ayudara a resolver su bloqueo como escritora.

Tricia, en su regresión, fue a una vida en que era hombre, hace varios siglos, en algún país europeo. Durante mucho tiempo esa persona había sido cobrador de impuestos; utilizaba una pluma de ganso para escribir los registros en un grueso libro. Un día, una mujer pobre, vestida toscamente, fue a verlo en compañía de sus muchos hijos hambrientos. Le suplicó que le perdonara los impuestos porque necesitaba el dinero para alimentar a su familia. Como el cobrador de impuestos temía pagar las consecuencias si le condonaba la deuda (podía perder su puesto y quedar a su vez empobrecido), se limitó a continuar escribiendo en su grueso libro. Pero siempre lamentó haber tomado esa decisión.

Tricia pudo vincular ese recuerdo a las cualidades positivas de su vida actual, incluyendo su celo por defender cuestiones de justicia social. También pudo relacionar su bloqueo creativo con el hecho de que, por continuar escribiendo, había causado mucho dolor en una vida anterior.

En esa sesión no sólo obtuvo una mayor comprensión psicológica de sí misma, sino que pudo empezar a escribir su libro.

Una vez practiqué la regresión con un músico famoso que no podía componer material nuevo. Debido a ello, este intérprete daba pocos conciertos y no grababa más. Con una sola sesión se solucionó el problema.

En profundo estado hipnótico, el músico recordó vívidamente haber vivido en Irlanda en el siglo IX.

Entonces también tenía talento, pero lo habían castigado severamente por descuidar sus estudios y también por tener más talento y capacidad que su padre y su hermano mayor. Fue definitivo. No tenía fuerza ni valor para enfrentarse a su familia, de la cual dependía demasiado para su bienestar económico y su posición social. Por lo tanto no continuó cultivando su talento, su pasión, su alegría.

Pasaron los años. Cada vez más abatido, el joven acabó por separarse de su familia y se embarcó hacia América, pero murió en el trayecto como resultado de una epidemia que se declaró en el barco.

Después de su muerte a bordo, analizamos esa vida desde la perspectiva más elevada de su yo supraconsciente. Aún estaba profundamente hipnotizado.

—Malgasté mi vida —comentó—. Debí tener el valor y la fe de cultivar mi talento. En esa vida no me amé lo suficiente y valoré demasiado lo que no debía valorar. No renuncié por amor a mi familia, sino por miedo. Tenía miedo de que me rechazaran. Me habrían amado lo mismo, pero no me di cuenta. Y si ellos me retenían era por miedo. También necesitaban aprender muchas cosas sobre el amor. El amor lo es todo.

Cuando salió del estado hipnótico parecía profundamente conmovido por esa experiencia. El bloqueo creativo desapareció rápidamente; volvió a ofrecer brillantes conciertos con mayor frecuencia.

El doctor Robert Jarmon tuvo un caso fascinante relacionado con un joven y activo ejecutivo que caía en inexplicables estados de nerviosismo y temor cada vez que había luna llena. El motivo de ese miedo resultó ser más complicado que la gravedad, los efectos de las mareas o el equilibrio de los fluidos.

El doctor Jarmon hizo que su paciente retrocediera a un incidente de juventud en el que se había visto obligado a rechazar a participar en una juerga automovilística con unos amigos porque debía cubrir el turno de noche en una gasolinera.

Los juerguistas sufrieron un accidente grave, en el que murieron dos de ellos. Esa trágica noche la luna era llena. El dolor y la culpa del joven parecían vincularse con ese recuerdo de la luna. El doctor Jarmon comenzó a explicar terapéuticamente que el accidente era cosa del pasado, que ya podía desprenderse del pesar y de otros recuerdos o sentimientos interiorizados.

El paciente hipnotizado lo interrumpió:

—Podrían atraparnos. Tenemos que andar con mucho cuidado. Esta noche hay luna llena.

Para gran sorpresa del doctor Jarmon, su paciente había regresado espontáneamente a una vida anterior en la que era un soldado norteamericano que combatía en Europa durante la Segunda Guerra Mundial. El soldado cayó prisionero de los alemanes. Su último recuerdo era que le habían disparado en la espalda, mientras estaba frente a un río en cuyas aguas se reflejaba la luna llena.

El paciente pudo dar el nombre del soldado que había sido en esa encarnación anterior. También proporcionó la fecha de su graduación, su carrera y la universidad en que se había graduado, a finales de la década de 1930.

Su esposa hizo más adelante algunas averiguaciones y pudo comprobar que, en efecto, un hombre llamado así se había graduado en esa rama de la universidad; la fecha estaba sólo equivocada por un año.

Después de esa regresión y el recuerdo de su muerte como soldado de la Segunda Guerra Mundial desapareció su extraña reacción a la luna llena.

Tal vez la calificación de «lunático» y gran parte de las leyendas referentes a los efectos del plenilunio sobre nuestra psiquis, con frecuencia profundos y extraños, tienen alguna raíz en nuestros recuerdos antiguos. Al fin y al cabo, hace miles de años que contemplamos la luna llena.

Ruth era una mujer policía de unos treinta y cinco años. Su trabajo requería un gran temple y conservar la cabeza fría. Ella cumplía su función admirablemente pero, por la noche, cuando volvía a su casa, sufría de pesadillas y se mostraba nerviosa e irritada. Es posible que muchos policías tengan reacciones similares, que se podrían atribuir a las tensiones laborales. Sin embargo, cuando Ruth vino a verme regresó a una vida en que había sido una pálida mujer normanda, que usaba una toca blanca. La mantenían injustamente encarcelada en un edificio que no identificó.

Al parecer, en esa vida Ruth había aceptado pasivamente su confinamiento. Nunca expresó su enojo ni corrigió los errores que la habían llevado allí. Comprendió que ésa era una lección que debía aprender en su vida actual. Al ser policía tenía un fuerte sentido de la justicia, rasgo de su personalidad que tal vez recibía la influencia de esa vida anterior. Sin embargo, esa experiencia parecía haberle dejado también una irritación residual que le impedía ser feliz. Por una parte, Ruth parecía estar compensando de un modo saludable las experiencias de esa otra vida, pero por compensación parecía excesiva, como si apretara las mandíbulas y dijera: «Por nada del mundo voy a permitir que eso me vuelva a ocurrir.»

A veces, el sentido de una regresión está en un mensaje de causa y efecto como ése. Puede haber una información en especial que el paciente necesita descubrir; una vez que lo logra, puede asimilarla, crecer y continuar, simplemente. El recuerdo de Ruth la ayudó a aislar la razón de su irritación. También la ayudó a comprender que el tema de sus pesadillas, en las que habitualmente se veía en una red, encerrada o paralizada, se relacionaba con ese encarcelamiento.

Las pesadillas de Ruth han desaparecido y su ansiedad es menor, aunque aún suele sentirse irritada. Sin embargo, cuando empieza a sentir cólera puede dominarla con mucha más celeridad y tiene menos miedo. La terapia de vidas pasadas la ha ayudado a disipar dos sombras de su vida y a disminuir, controlar y manejar la otra.

Alice es una mujer de veintisiete años que sufría de ansiedad y desconfianza, dos síntomas muy comunes en nuestra sociedad. Ambos se iniciaron en su infancia, cuando el padre la encerró en un ropero, aterrorizándola enormemente; nunca más volvió a confiar en sus padres.

En la regresión, Alice volvió a vidas antiguas y contó que era una criatura pequeña a la que enterraban viva.

Alice se había contagiado de una epidemia que asolaba su aldea. Tenía fiebre y quizás estuviera inconsciente o incluso en coma cuando se la dio por muerta. Despertó en la tumba y fue presa del pánico. Abandonó esa vida llena de furia; sólo más tarde comprendió que el error había sido involuntario. Al repasar esa vida, Alice pudo vincular esa experiencia con su actual desconfianza.

Alice tuvo un segundo recuerdo de vidas pasadas en que había sufrido pánico en su niñez, en esa oportunidad durante una guerra. En un bombardeo, la gente la había aplastado, despertando en ella síntomas de claustrofobia y ansiedad extrema. Después de recobrar esos dos recuerdos, sus síntomas comenzaron a disiparse. La comprensión ayudó, como en el caso del músico, a Tricia y a Ruth.

Revelar el origen de un miedo no sólo puede aliviar ese miedo, sino también descubrir talentos de otras vidas.

Una joven madre soltera, fotógrafa profesional de éxito, llamada Caryn, vino a la terapia para analizar varios problemas de relación con sus familiares. En ese aspecto estaba logrando algún resultado con la terapia de vidas pasadas. Por añadidura, Caryn tenía otro problema muy específico, nada habitual en una mujer tan triunfadora e independiente: la aterrorizaba la posibilidad de perderse mientras conducía. Para su horror, se extraviaba con frecuencia, tal vez más de lo que es habitual. A veces su miedo era tal que acudía a sus compromisos con otra persona al volante.

Decidimos encarar ese miedo con la terapia de regresión a vidas pasadas. Durante la sesión de hipnosis, Caryn recordó haber sido piloto de un submarino durante la Segunda Guerra Mundial. En una misión, confundida, cometió un error que apartó a la nave de su curso. El submarino se alejó tanto que se perdió en aguas enemigas, en las que fue detectado y destruido. Caryn murió con los otros miembros de la tripulación.

A partir de esa sesión Caryn perdió por completo el miedo a extraviarse.

Más tarde su hijita comentó que su madre se había vuelto mucho más buena y amorosa.

Al cabo de varios meses Caryn me hizo llegar una nota. Si bien antes de la terapia tenía éxito y su vida funcionaba bien, me expresó que ahora se sentía «sana y llena de amor» y muy en paz consigo misma. También me decía que no sólo había dejado de extraviarse: ahora otras personas le pedían orientación y ella era capaz de dibujarles mapas para que no se extraviaran.

Además de haber superado su miedo, Caryn descubrió su antiguo talento como piloto y pudo añadirlo a las muchas capacidades que ya tenía.

La regresión a vidas pasadas suele brindar grandes alegrías a las familias adoptivas, demostrándoles que, si bien no tienen parentesco biológico y puede ser cierto que «la sangre tira», el espíritu tira más que la sangre. He hecho regresiones en las que se demuestra que los vínculos entre padres e hijos adoptivos pueden ser más fuertes que los existentes entre esos hijos y sus padres biológicos. Cuando se somete a regresión a varios miembros de esas familias adoptivas, con frecuencia se reconocen entre sí en vidas anteriores. La experiencia me ha enseñado que, si una relación padre-hijo está destinada a producirse y la posibilidad física está bloqueada, se halla otro medio para que se produzca. Las relaciones padre-hijo nunca suceden al azar. Lo mismo ha descubierto una de mis amigas, que es astróloga. Me ha dicho que, si se comparan las cartas natales de padres e hijos adoptivos, con frecuencia se ven las mismas correspondencias y conexiones que en las de las familias biológicas.

A veces, la regresión a vidas pasadas es el principio de un camino espiritual que no sólo brinda comprensión y talentos especiales a la conciencia, sino también paz, bienaventuranza, gozo interior y sabiduría ante los momentos más mundanos e inesperados de la vida. Como imprevisible resultado de la terapia de vidas pasadas, muchos de mis pacientes se han orientado hacia la espiritualidad o la metafísica sin apartarse en absoluto de sus profesiones y de sus relaciones habituales. De hecho, también mejoraron y se fortalecieron otros aspectos de la vida como resultado del crecimiento espiritual. Muchos de ellos dicen haber tenido más experiencias cruciales o trascendentes, más conocimiento intuitivo, lo cual los conduce a una mejora de su vida interior y exterior, a una mayor paz, serenidad y equilibrio en la vida, cualesquiera que sean las circunstancias.

Sé lo que quieren decir. Como resultado de mi propio crecimiento espiritual, que en muchos sentidos comenzó con mis experiencias con Catherine, yo mismo he tenido experiencias personales trascendentes. Después de la primera comprendí de inmediato que ese estado es una meta en sí.

La primera se inició, en realidad, una semana antes de la experiencia en sí. Hace varios años, después de pasar una jornada de diez horas atendiendo a mis pacientes, comenzaba a relajarme meditando en el sillón reclinatorio de mi consultorio. Al cabo de pocos minutos, ya en estado de profunda relajación, sin ningún pensamiento especial en la mente, oí dentro de mi cabeza una voz atronadora. Era como una trompeta telepática que me sacudió todo el cuerpo.

—¡Ámalo, simplemente! —dijo la voz.

Desperté de inmediato. Sabía que el mensaje se refería a Jordan, mi hijo. Por entonces era un adolescente con la rebeldía propia de su edad, pero yo no había pensado en él durante todo el día. Tal vez en el subconsciente me preguntaba cómo comportarme respecto a su conducta.

Una semana después, en las primeras horas de una mañana nublada, llevé a Jordan a la escuela. Traté de entablar conversación pero él se mostraba particularmente lacónico en sus respuestas. Jordan estaba malhumorado.

Comprendí que tenía dos posibilidades: enojarme o dejarlo pasar. Entonces recordé el mensaje: «¡Ámalo, simplemente!», y me decidí por lo último. Al dejarlo ante la escuela le dije:

—No olvides que te amo, Jordan.

Para mi asombro, él replicó:

—Yo también te amo.

Fue entonces cuando comprendí que no estaba en absoluto malhumorado o gruñón: sencillamente aún no estaba del todo despierto. Mi idea de que estaba enfadado era una ilusión.

Continué rumbo al hospital, que estaba a unos cuarenta y cinco minutos de trayecto. Al pasar ante una iglesia, el sol se elevaba por encima de la copa de los árboles y un jardinero cortaba tranquilamente el césped.

De pronto tuve una sensación de gran paz y gozo. Me sentía inmensamente a salvo y seguro; el mundo parecía guardar perfecto orden. El jardinero, los árboles y todo lo que veía era luminoso y refulgente. Casi podía ver a través de las cosas, pues todo tenía una cualidad dorada y transparente. Me sentí vinculado a todo y a todos: al jardinero, los árboles, el césped, el cielo, una ardilla que trepaba a un árbol... Era la total ausencia de miedo o ansiedad. El futuro parecía perfectamente claro... perfecto.

A las otras personas que viajaban deprisa a sus empleos debo de haberles parecido extraño. También por ellos sentía una especie de amor objetivo y universal. Cuando otro conductor me cerraba el paso, yo me limitaba a hacerle una seña para que pasara, y sonreía. Me pregunté por qué esa gente llevaba tanta prisa. El tiempo pareció pender inmóvil, para luego desaparecer. Me sentía lleno de una increíble paciencia. «Estamos aquí para aprender y amar»: podía entenderlo con mucha claridad. Lo demás, en realidad, no importaba.

La luminosidad y transparencia de los objetos permaneció hasta que llegué al hospital. También la sensación de amor objetivo, de gran paz y de goce. Y lo mismo la paciencia, la felicidad, mi relación con todo lo demás.

Continuaba en ese estado cuando inicié mi jornada de trabajo. Esa mañana estuve desacostumbradamente intuitivo con mis pacientes, sobre todo con dos a los que veía por primera vez. Percibía luz dentro y alrededor de las personas: todos parecían resplandecer. Podía percibir de qué manera todo en la vida está relacionado. Sabía con certeza que no existían cosas tales como el peligro, que no había necesidad de temer. Todo era uno.

Esta experiencia duró hasta que asistí a una reunión administrativa, algo más tarde. Me enfureció el tema de la reunión: «Cómo aumentar las ganancias del hospital.» Supe que estaba ante otra elección: abandonar la reunión para mantenerme en ese estado o quedarme y decir lo que pensaba de sus ideas. Para quedarme y hablar de ética y honradez necesitaría de la mitad izquierda de mi cerebro, de mis facultades lógicas. De inmediato hubo un cambio profundo. Volví a «ser normal», analítico y «con los pies en la tierra». Después me fue imposible recuperar ese maravilloso estado apacible. Había desaparecido, por mucho que yo me esforzara en recordar y recrearlo.

Desde entonces he vuelto a tener esta bella experiencia cinco o seis veces. En cada oportunidad se presentó por su cuenta. La meditación no la crea. No se puede forzar. No es resultado del esfuerzo. Es casi un don. Un don de gracia.

Cuando me relajo en una sensación de amor, sin pedir nada a cambio, puedo sentir que ese estado está muy cerca.

Ahora también trato de ayudar a otros a alcanzar esos estados de paz interior, gozo y bienaventuranza, que son resultado del tipo de desarrollo personal que puede iniciarse con la regresión a vidas pasadas. Es muy importante. Para mí ésa es, realmente, la meta de toda mi terapia. Es ese estado de paz interior lo que resulta tan curativo y terapéutico.

A veces no es necesario, ni siquiera recomendable, iniciar ese camino con la terapia de regresión a vidas pasadas. A veces la hipnosis revela una vía diferente a tomar.

De vez en cuando, una persona feliz y muy equilibrada viene a mi oficina por curiosidad o «para pasar por la experiencia». Con frecuencia esos pacientes obtienen excelentes resultados, como Martha, la paciente del capítulo ocho, que pudo acabar con el prolongado dolor por su padre como resultado de una sesión motivada por la curiosidad. Pero a veces esos pacientes no tienen «éxito». Con frecuencia hay un motivo para que los recuerdos no se presenten. A veces esos pacientes se esfuerzan demasiado. El acto mismo de intentarlo es una conducta consciente que puede bloquear al subconsciente, impidiéndole surgir. Sin embargo, ese bloqueo se supera con facilidad, a medida que el paciente se relaja y aumenta su habilidad para estar pasivamente receptivo. Otras veces han tenido miedo de revivir una experiencia de muerte. Tal como dije antes, les indico a mis pacientes que pueden elegir si pasar o no por una experiencia de muerte y que, si deciden que sí, en general la experiencia no resulta traumática. Eso da como resultado un porcentaje de éxitos incluso mayor.

Pero a veces el paciente tiene algo más importante que lograr.

Armando es un abogado de Nueva Jersey, especializado en impuestos, que vino a verme para someterse a una regresión a vidas pasadas. Es un hombre elegante, encantador e impecablemente vestido, de mente siempre rápida y atenta. Carecía de problemas físicos y psicológicos significativos, pero deseaba desesperadamente pasar por la experiencia de regresar a una vida anterior. Armando buscaba el desarrollo espiritual con mucha seriedad.

Su personalidad está en la frontera de lo obsesivo-compulsivo. Tenía dificultades para relajarse y prefería pasar su tiempo libre solo o con su esposa, antes que con otras personas. Aunque siempre cortés y considerado, no se mostraba demasiado caritativo ni generoso con el prójimo. Políticamente era conservador. Como estudiante había abandonado su talento musical por una carrera más práctica.

En nuestra segunda sesión hipnoticé a Armando, llevándolo a un nivel profundo. Experimentó un estado de éxtasis, lleno de paz y amor. Vio colores vívidos, especialmente el púrpura, color profundamente divino y sagrado, que tradicionalmente se asocia con la espiritualidad. Pero no pudo recuperar ningún recuerdo de experiencias pasadas, aunque lo estaba intentando con empeño.

Le di una cinta grabada de regresión para que la escuchara en su casa. También la escuchó su esposa, a quien yo no conocía. Ella tuvo vívidas visualizaciones de varias escenas de vidas anteriores y se las contó a su envidioso marido. Pero Armando no vio nada de sus vidas anteriores. Durante la semana, entre una sesión y otra, la esposa de Armando continuaba teniendo recuerdos de vidas anteriores al escuchar la grabación. Armando, ninguna.

Sin embargo, en la misma cinta indico a quien escucha que se encuentre con una persona sabia, un guía o apoyo; el paciente hará una o dos preguntas y escuchará las respuestas.

Ese guía se materializó en la luz purpúrea de Armando. El sabio era un joven de diecinueve años, de largo pelo rubio, vestido con vaqueros y camisa de leñador. Se llamaba Michael. La edad, el estilo, las características y el modo de vestir de ese guía no eran lo que cabía esperar que una persona tan formal como Armando conjurara o imaginara. Incluso él quedó sorprendido.

Michael sonreía. Rodeó a Armando con un brazo y le dijo que se animara: «Relájate, no seas tan serio.»

Cada vez que Armando escuchaba la grabación, Michael emergía de la luz purpúrea para hablar con él. Le daba consejos espirituales, lo ayudaba en sus negocios y relaciones personales con sabiduría práctica y le predijo acertadamente varios hechos que ocurrieron en los días siguientes.

Pero Armando seguía deseando desesperadamente una regresión a vidas pasadas. Minimizaba en parte la belleza y la importancia de sus encuentros con Michael, su guía.

Se presentó a la tercera sesión quejándose de no poder recordar aún sus vidas pasadas. Envidiaba a su esposa por la facilidad con que recordaba.

Hipnoticé profundamente a Armando e hice que buscara a Michael.

—Pregúntale a él por qué no puedes recordar tus vidas pasadas —sugerí.

La respuesta de Michael fue inmediata y apropiada, como siempre.

—Se te permitirá recordar tus vidas como recompensa, cuando abandones tus miedos actuales. No hay nada que temer. Tú temes a la gente y no debería ser así. No te preocupes por los demás; no les pasará nada. No pretendas que sean perfectos. Acércate a ayudarlos, aunque comiences por uno solo.

En realidad, Armando no necesitaba recordar otras vidas. El trabajo a realizar estaba en el presente. Algún día, si puede seguir el consejo de Michael, podrá echar un vistazo a su pasado. Pero ese vistazo será una recompensa, un regalo merecido.

Recordar vidas anteriores no es esencial ni necesario para todos. No todo el mundo arrastra bloqueos o cicatrices que sean significativos en la vida actual. Con frecuencia, se debe poner énfasis en el presente, no en el pasado. En su deseo de recordar vidas pasadas, Armando estuvo a punto de pasar por alto la increíble belleza y la importancia de sus encuentros con Michael.

La experiencia de Armando también empieza a demostrar el potencial ilimitado y los recursos del subconsciente en estado hipnótico. En ese estado apacible y relajado puede ocurrir todo tipo de cosas. En cierto sentido, cuando conduzco una regresión siento que estoy facilitando y ayudando. Es el paciente quien, en último término, controla la curación. En la mente de quien está experimentando la regresión pueden presentarse muchos tipos de estados alterados, intuiciones, percepción de hermosos colores, sensaciones, pensamientos y soluciones a problemas actuales, además de experiencias con guías y recuerdos de vidas pasadas y presentes. Hasta es posible tener experiencias que se produzcan en otros reinos, muy bellos y sagrados.

Es curativo ver la respuesta a nuestros problemas grabada en letras de oro contra una luz violácea. Esta forma de ensanchar la conciencia es muy terapéutico, algo maravillo-so que puede ser tan curativo como la regresión a vidas pa-sadas.

El potencial curativo del subconsciente parece ilimitado con la guía de un buen consejero o la propia. Aprendo tanto al curar a mis pacientes como ellos de sus experiencias, si no más. Todos somos maestros y discípulos; todos somos pa-cientes y curanderos. El viaje por el tiempo hacia el interior de la mente, el alma y los sentimientos es algo que todos compartimos.

11

Las técnicas de regresión

No siempre es necesario (ni posible a veces) visitar a un terapeuta especializado en la regresión a vidas pasadas. Incluso recomiendo a mis pacientes y a quienes asisten a mis talleres de regresión que apoyen la terapia o las experiencias grupales con técnicas que se pueden utilizar en casa. El lector puede emplear las mismas técnicas para explorar sus propias vidas pasadas y tener acceso a su elevada sabiduría. Me dicen mis pacientes que las técnicas aquí descritas les han brindado muchos tipos de experiencias estimulantes, curativas y relajantes.

En el apéndice figura una versión de las meditaciones para relajación y regresión que les doy a mis pacientes, junto con instrucciones para que cada uno las grabe. Este ejercicio guiará al subconsciente, haciendo que descubra los recuerdos más pertinentes de la niñez, una vida pasada o, tal vez, del estado entre dos vidas. Cuantas más veces se escuche, mejores serán los resultados.

Este guión es similar al que sigo en mi consultorio, pero hay otras técnicas muy valiosas para lograr la regresión a una vida anterior que voy a presentar en este capítulo. Recomiendo al lector que las pruebe todas para ver cuál es la mejor y más agradable para cada uno, y que las practique regularmente.

Las otras técnicas que recomiendo se dividen en cuatro categorías. Incluyen la anotación de los sueños, la meditación y visualización, las técnicas de conciencia de sí mismo y técnicas «de juego», que se pueden probar a solas o con un amigo. Todas ayudan a relajarse y a concentrar la mente, permitiendo que la información subconsciente aflore.

Ninguna de estas técnicas es peligrosa. Quien padezca de síntomas graves o sienta ansiedad con respecto a la experiencia puede iniciar su investigación consultando primero a un terapeuta preparado. Si tiene esas sensaciones, respételas, pero recuerde que el subconsciente es muy sabio. Por lo general, nos da la experiencia adecuada al momento y las circunstancias en que nos encontramos. Algunos de mis pacientes, afectados de síntomas muy perturbadores, han utilizado con éxito las técnicas de regresión en su casa, entre una sesión y otra.

Sin embargo, el proceso terapéutico es muy útil para integrar una importante experiencia de vida anterior a la actual etapa de desarrollo. Por lo tanto, si alguien cree necesitar ayuda para integrar una experiencia a su situación actual, puede ser conveniente que consulte con un terapeuta profesional.

Explore, confíe, juegue y, sobre todo, sea flexible. Déjese sorprender por el curso que toma su elevada sabiduría a medida que comience a utilizar en los diversos estratos de su mente, cuerpo, emociones y alma.

EL EMPLEO DE LOS SUEÑOS
PARA RECORDAR VIDAS PASADAS

Comience a llevar un diario de sus sueños. Con frecuencia, éstos contienen claves sobre las vidas pasadas. No todos los sueños son freudianos, con símbolos, distorsiones y metáforas para encubrir los deseos. Algunos encierran recuerdos literales de vidas anteriores.

He descubierto que el mejor método para llevar un diario de sueños es el siguiente: al despertar, permanezca acostado, sin moverse. Trate de recordar su sueño. Repáselo en la mente. Luego repáselo otra vez y recordará más detalles.

A continuación dé un título a su sueño; por ejemplo: «Paralizado de miedo y corriendo sin moverse» o «Perdido en los laberintos de un castillo alemán». Dar un título a los sueños ayudará a identificar los temas y a organizarlos por categorías para localizarlos más adelante. Anotar todos los detalles impide el inevitable olvido del contenido. Además, llevar el diario estimula la mente, haciendo que recuerde mejor los sueños y sus detalles.

Cuantos más sean los sueños registrados, más claves sobre nuestro pasado podremos recibir. Se puede identificar el sueño que contiene claves de una vida anterior cuando soñamos que estamos vestidos con ropas de otro período o cuando utilizamos herramientas o instrumentos que parecen originarias de otra época u otro sitio. Por ejemplo, si usted sueña que está vestido con ropas de la época colonial, que repara una vivienda extraña o que fabrica cirios utilizando sebo, es probable que su sueño contenga la clave de una vida pasada.

No hace falta determinar inmediatamente el significado de la clave. Basta con narrarlo, darle un nombre y repasar ocasionalmente el contenido de todo el diario, en busca de tendencias o pautas.

¿Los detalles parecen interrelacionados o no responden a ningún esquema? Los detalles de otros lugares y épocas que se puedan integrar en un tema o cuadro pueden darnos pistas sobre las vidas pasadas más importantes para investigar; los más fortuitos pueden ser sólo detalles al azar o fragmentos de memoria que aún no se han organizado.

Cuando usted quiera explorar más a fondo un detalle o tema de alguna vida anterior, medite sobre eso. Concentre la mente como si estuviera haciendo una autorregresión. Visualice la escena, la imagen o el fragmento y deje que se expanda y se mueva, ampliándolo con nuevos detalles. Trate de no inhibir mentalmente sus impresiones. No las censure. A partir de una sola meditación puede conseguirse un recuerdo de vida anterior bastante completo; a veces se requieren varias; a veces no tiene ningún recuerdo. Es una variación natural. Al principio lo habitual es recibir una serie de fragmentos de vidas pasadas que no parecen coherentes. Cuanto más se practique esa técnica, más habilidad se logrará.

A veces, en mi consultorio, pido a un paciente que represente a todos los personajes de su sueño. Usted puede adaptar la técnica para uso propio. Por ejemplo: si ha tenido un sueño de vida anterior en que se vio rodeado por una familia desconocida, imagine o represente los papeles del padre, la madre, la hermana menor, el novio, etcétera. ¿Qué siente al ponerse en el lugar de cada uno?

Con frecuencia, al utilizar la intuición y la imaginación para representar diferentes papeles, la gente comienza a comprender mejor lo que en realidad significan sus sueños. Descubre mejor las motivaciones de cada personaje. En los sueños de vidas pasadas o cuando se trabaja con material de regresión, el desempeñar cada papel de este modo puede revelar una fuerte identificación con un personaje en especial.

O si ya nos hemos identificado con uno de ellos, la técnica puede permitirnos la empatía con las motivaciones de otros personajes del sueño. Tal vez reconozcamos que uno de ellos es alguien a quien conocemos en la vida actual. Quizá pensemos, por ejemplo: «Se diría que esta persona es mi padre.»

Al utilizar la técnica de la representación de papeles para interpretar sus sueños más típicos es más fácil descubrir los patrones reflejados en la vida actual.

La meditación, práctica que recomiendo enfervorizadamente, es otro método básico para abrir la conciencia a recuerdos de vidas anteriores. La meditación despeja la mente; cuando la mente está despejada pueden salir a la superficie intuiciones, percepciones y, tal vez, recuerdos de vidas pasadas.

Sin embargo, también recomiendo la meditación por muchos otros efectos positivos y de largo alcance. Como el diario de sueños, la meditación es una técnica que proporciona una base de autoconciencia útil en muchos aspectos de la vida. Enseña a disfrutar y sentirse sereno. Enseña a concentrarse en el momento actual, sin preocuparse demasiado por el futuro ni reflexionar sobre el pasado. Puede enseñarnos a dominar la mente y las emociones para que no nos dejemos dominar por ellas.

La práctica de la meditación es mucho más fácil y simple de lo que en general se cree. Lo que causa dificultades es el nerviosismo del principiante que quiere hacerlo «correctamente». No hay un modo correcto de meditar. Cuando se está relajado, con la mente tranquila y alerta, sin dedicarse reflexivamente a un pensamiento, se está meditando. Uno puede estar sentado en el suelo, con las piernas cruzadas y la espalda recta, en una silla, acostado o en cualquier otra posición cómoda. Cualquiera que sea la posición, una mente serena, alerta, observadora, es una mente en meditación.

En la meditación hay una conciencia activa, un estado de receptividad abierta, una conciencia observante que derriba las barreras entre el observador y el objeto observado. En ese estado se pueden presentar grandes intuiciones y revelaciones. La meditación requiere práctica y paciencia, pero el acto mismo de meditar crea más paciencia. Como psiquiatra sé lo difícil que puede resultar aquietar la mente. Los pensamientos parecen aflorar en la conciencia sin cesar. En realidad, en general no reparamos en esos pensamientos ni nos damos cuenta de que siempre estamos pensando, visualizando o fantaseando. En mis talleres de trabajo les pido a los participantes que cierren los ojos sin pensar en nada durante treinta segundos: sin pensamientos, sin imágenes; sólo la mente en blanco.

Casi nadie puede hacerlo. Pasados los treinta segundos le pregunto a la gente si tuvieron pensamientos y, de ser así, cuáles fueron. «¿Por qué quiere que hagamos esto?» «Es una tontería.» «Me duele la espalda.» «¿No dejé encendidas las luces del coche?» «Ojalá esa persona deje de toser.» Éstos son algunos ejemplos de la constante cháchara interior que ocupa las mentes de quienes participan en mis talleres. Basta hacer el intento para comprobarlo.

Para meditar, busque un sitio apacible para relajarse y trate de aquietar la mente. Preste atención a la respiración. Respire con lentitud y suavidad, hasta que el ritmo sea sereno y regular. Cobre conciencia de sus pensamientos y despréndase suavemente de ellos. No se juzgue. No se deje ganar por la frustración o la impaciencia. Limítese a observar sus pensamientos a medida que pasen.

Al hacerlo aprenderá mucho sobre sí mismo; a medida que practique las técnicas de este capítulo y del apéndice puede tener acceso a un recuerdo de vida anterior. Con el tiempo, la meditación mejorará la eficacia de otras técnicas de regresión.

Algunas personas prefieren meditar concentrándose en una palabra, un número o un objeto. Una vez más, la técnica específica no importa. Cuando la mente y el cuerpo se relajan, la actividad eléctrica del cerebro se hace más lenta y se entra en un estado alfa o incluso theta, en los cuales la actividad eléctrica del cerebro desciende a un ritmo mucho más lento que el del normal estado de vigilia (beta).

Cuando uno se encuentra en esos estados de relajación

está meditando; se está restaurando; está rejuveneciendo. Otras personas prefieren visualizar, imaginar cosas en la mente como técnica de meditación. Eso se parece mucho a la ensoñación. Pero cuando mido la actividad eléctrica del cerebro en las personas que están meditando y las que visualizan, encuentro los mismos estados alfa y theta. Los que visualizan también meditan, aunque de una manera más guiada.

La visualización se puede utilizar como poderosa técnica curativa para aumentar el sistema inmunológico del cuerpo, acelerar los mecanismos naturales de curación y homeostáticos y eliminar muchos tipos de enfermedad. También se puede utilizar para incentivar un ejercicio físico, como forma de plegaria o incluso para alcanzar estados trascendentes.

Para descubrir una vida pasada desde un estado meditativo, visualícese en una época diferente. Deje que las imágenes fluyan en su mente consciente. El material que surja brotará de la mente más profunda, del subconsciente. No analice las imágenes: déjelas fluir y obsérvelas como si fuera testigo de los hechos o las escenas representadas. Use la imaginación. Al terminar, registre sus experiencias en un diario, tal vez en una sección aparte de su diario de sueños. Busque pautas y significados, tal como lo hace al examinar sus sueños.

LA AUTOOBSERVACIÓN COMO CLAVE PARA RECORDAR VIDAS PASADAS

En las circunstancias de la vida actual suelen encontrarse claves de vidas pasadas. Cuando usted tenga tiempo libre y esté relajado, pruebe a analizarse a sí mismo. Desde una perspectiva objetiva, sin juzgar ni criticar, observe sus talentos y capacidades y medite sobre ellos. ¿De dónde vienen? ¿Los heredó de sus padres o pueden tener relación con una vida anterior?

Un ejemplo clásico de un talento potencialmente heredado de una vida anterior es la capacidad de Mozart, que escribía sinfonías a los cinco años. Cabe la hipótesis de que Mozart fuera músico en una vida anterior y, tras mejorar su talento, lo haya traído a ésta.

La facilidad para un idioma en especial o la afinidad con cierta cultura pueden ser otra clave de orígenes pasados. Por ejemplo, en una conferencia conocí a un hombre caucásico de Oklahoma que pasaba todas sus vacaciones en Jamaica. Ama a ese pueblo y a su cultura y los comprende tan bien como los nativos. Más aún: se sintió «como en su casa» en cuanto llegó por primera vez. Podemos utilizar nuestro talento actual como foco para llegar a las vidas pasadas mediante las técnicas de regresión hipnótica o de visualización.

Retazos de experiencias negativas que se tuvieron en otras vidas pueden haber emergido en ésta como miedos o fobias. Haga un inventario de sí mismo, reparando en cualquier miedo o fobia que tenga. Pregúntese: «¿De dónde procede? ¿Por qué la tengo? ¿Sucedió en mi infancia algo que pueda haber motivado ese miedo? ¿He tenido siempre esa fobia?»

Si no puede hallar el origen del miedo y se da cuenta de que siempre lo sintió, comience a representar, soñar y visualizar; quizás halle la causa en una vida pasada.

Es importante destacar que, para tener éxito en este ejercicio, como en todos los demás, es preciso no juzgar ni criticar. Por ejemplo: si analizamos nuestro miedo al agua diciendo: «Oh, tengo miedo del agua, pero sólo porque soy cobarde, nada más», será imposible hallar una vinculación con una vida pasada en que quizá nos hayamos ahogado.

Aunque algunas personas sienten afinidad con determinada cultura, a otras les repugnan ciertas zonas del mundo. Un ama de casa, madre de tres hijos, recordaba haber sufrido un grave ataque de pánico cuando su avión aterrizó en el aeropuerto de Atenas, adonde iba a pasar su luna de miel. Pidió insistentemente a su esposo que salieran inmediatamente de Grecia. Volaron a Roma y luego a París, sin que se repitieran los síntomas aterrorizantes, y pasaron unos días estupendos.

Años más tarde, en una sesión de regresión, la mujer recordó una vida pasada en Grecia, donde fue arrojada a la muerte desde un acantilado por aquellos que estaban en violento desacuerdo con sus creencias. Algún crítico podría argumentar que el pánico de esa mujer al aterrizar en Grecia fue resultado de los miedos reprimidos a su reciente casamiento. Pero la completa desaparición de los síntomas al llegar a otro país rebate por completo ese argumento.

Otros descubren claves sobre vidas pasadas a través de sensaciones de *déjà vu*. ¿Nunca tuvo usted, al visitar un sitio por primera vez, una extraña sensación de «haber estado antes allí»? Después de una de mis conferencias, una pareja cincuentona me habló de un reciente viaje a Italia. Era el primero que hacían a ese país; ninguno de los dos entendía el idioma. Alquilaron un automóvil y se extraviaron mientras recorrían el norte de Italia. Al acercarse la noche, cada vez más inquietos, entraron en una pequeña ciudad.

De pronto la esposa tuvo una extraña sensación de *déjà vu*. La ciudad le parecía obsesionantemente familiar. El esposo describió el brillo vidrioso que adquirieron sus ojos en ese momento. Se quedó estupefacto al ver que su esposa comenzaba a hablar en italiano con los aldeanos, que respondían como si supusieran que ella dominaba el idioma, cuando en realidad ella nunca en su vida lo había hablado ni estudiado. Nunca en esta vida.

¿No ha tenido usted una ensoñación espontánea en la que se sintió en otro sitio, en otra época, con un cuerpo diferente? Podría no ser un simple sueño. Los niños hablan con frecuencia de esas fantasías, que podrían ser recuerdos de vidas anteriores. Pero también lo hacen muchos adultos.

¿No ha experimentado una atracción especial e inexplicable hacia alguien o una desconcertante antipatía por otra persona? Tal vez hayan estado juntos anteriormente.

Observe sus preferencias y aversiones, sus ropas y sus costumbres. ¿Cuáles son los rasgos dominantes de su personalidad? Eche un vistazo a su casa. ¿Cuáles son los motivos de su mobiliario y sus objetos artísticos? ¿Cuál el estilo decorativo? Mantenga la mente despejada, clara y abierta al observar. Una paciente mía no pudo hallar ninguna pauta en sus recuerdos. Negaba tener afinidad o atractivo con algún período histórico o cultura en especial. Fue la amiga que la había acompañado a la sesión quien señaló que toda la casa de la paciente estaba llena de objetos artísticos japoneses del siglo XIX. Por eso, relájese; no vaya a pasar por alto lo evidente.

No se preocupe por saber si esa información es «real» o no. Es su mente la que produce este material y el ejercicio tendrá el mismo efecto que los sueños. Es decir: este proceso estimulará a su mente para que presente más y más material válido de vidas anteriores. En un principio, el objetivo es abrir puertas y establecer caminos. Más adelante, con la experiencia, podrá analizar más. Cuando llegue el momento usted lo sabrá.

TÉCNICAS LÚDICAS PARA REMONTARSE A VIDAS ANTERIORES

La asociación libre con palabras y frases con carga emocional puede ayudarnos a llegar a vidas anteriores. Existen ciertas palabras universales que trascienden las culturas y los tiempos; permanecen a lo largo de los siglos. Más abajo figura una lista parcial, adaptada del libro de Gloria Chadwick, *Discovering Your Past Lives*. Cada uno puede añadir sus propias frases y palabras.

Cuando esté relajado, cierre usted los ojos y piense o diga una de estas palabras. Luego observe las imágenes mentales, escenas y sensaciones resultantes. También puede hacer una grabación de la lista y escucharla después. Tómese tiempo en cada palabra para que puedan surgir en su mente escenas y sentimientos.

Guerra	Iglesia
Paz	Lanza
Desierto	Océano
Soldados marchando	Montaña
Barcos	Cueva
Pistola	Crepúsculo
Cuchillos	Dolor
Muchedumbre	Música
Horca	Oficial
Ejecución	Caballo
Hambre	Animal
Inanición	Inundación
Esclavo	Veneno
Rey	Médico
Libro	Curandero
Escribir con pluma	Cuerpo
Cielo nocturno	Funeral
Estrellas	Nacimiento

Luego anote las imágenes en su diario. Úselas después para buscar pautas o temas de vidas pasadas o como claves para sus sesiones de regresión y visualización. Por ejemplo: si hizo asociaciones libres con la palabra «soldado» y luego se vio marchando en la Guerra Civil, puede anotar la imagen en su diario y luego meditar sobre eso al día siguiente, una semana e incluso meses después. Al probar este ejercicio conviene permanecer con la mente abierta y hacerlo con un espíritu lúdico.

Como comentario aparte, las vidas pasadas durante la

Guerra Civil son muy comunes. Mucha gente ha tenido experiencias de *déjà vu* al visitar tumbas y campos de batalla de esa guerra.

La técnica que llamo «Caras» es otro método lúdico para recordar vidas pasadas. Siéntese a un par de metros de un amigo, con luces tenues y música suave. Mire la cara de la otra persona. Espere a ver si las facciones cambian. Observe y describa los cambios que vea. Con frecuencia las facciones parecen cambiar. Ojos, narices y peinados se disuelven y toman nueva forma. A veces aparecen sombreros y tocados.

También puede probar este ejercicio a solas, utilizando un espejo y observando los cambios que ve en su propio rostro.

Si nota que, a partir de la cabeza de su amigo o de su propia imagen en el espejo, se extiende una luz blanca, que puede medir un par de centímetros o un poco más, quizás esté viendo una manifestación del campo energético que se extiende desde el cuerpo físico hacia fuera. Muchas personas dicen haber visto esta «aura», que a veces es de colores. He estudiado a varias personas que, por separado, describieron los mismos diseños de colores en el aura de otra persona. Cuando les hice observar o «leer» el campo energético de otro, las descripciones también coincidieron.

Probé este ejercicio por primera vez en mi consultorio, con varias personas; podían ver las transformaciones del rostro, el color de piel, pelo, ojos, etcétera. Aun así me preocupaba que este simple enfoque pudiera parecer tonto o ser, simplemente, efecto de una distorsión de la percepción, por lo que me resistía a presentarlo como ejercicio en mis talleres. Por fin, al aproximarse el final de un taller excitante, con un grupo de varios cientos de personas muy dispuestas a cooperar, decidí arriesgarme.

Más de cien parejas de participantes se sentaron frente a frente, en un salón de baile apenas iluminado, mirándose mutuamente a la cara. Al cabo de un rato se les indicó que buscaran otra pareja e intentaran nuevamente el ejercicio. Los resultados nos sorprendieron a todos. La mayoría de los participantes vio cambiar espectacularmente la cara de la persona observada, convirtiéndose en una serie de rostros, algunos muy antiguos. Hubo quienes tuvieron experiencias psíquicas en las que vieron caras que, según descubrieron después, se parecían a familiares fallecidos de la persona observada. Otros vieron facciones que tenían apariencia de pertenecer a guías espirituales. Algunos vieron caras de personajes que sus parejas conocen sólo por regresión a vidas pasadas o por la descripción de videntes.

Cuando cambiamos de pareja, con frecuencia el nuevo observador veía las mismas caras que el anterior. Muchos percibieron el aura por primera vez. Un niño de catorce años pudo captar psíquicamente información sobre sus parejas; era la primera vez que le ocurría. Desde entonces incluyo este ejercicio en todos los talleres. Los resultados son invariablemente espectaculares y resulta muy divertido. El único secreto de este ejercicio es intentarlo en un cuarto en penumbra. Eso libera la mitad izquierda del cerebro y permite que las impresiones intuitivas afloren más fácilmente.

Este método puede proporcionar la clave de muchas vidas pasadas. Como en otros métodos, la meditación, visualización y/o asociación libre de los cambios observados pueden completar el recuerdo. Deje usted que se expandan y desarrollen sin censurar el material. Una cara puede convertirse en un grupo de rostros; detrás de una cara se puede desplegar toda una escena. Quizás oiga una voz o una palabra importante. Pruebe y verá.

Otra técnica interesante, que puede resultar muy agradable, es visitar a un vidente reconocido que pueda leer vidas pasadas. El vidente le puede proporcionar claves valiosas; tal vez usted sienta resonar algo en su interior cuando esa persona hable. Incluso es posible que se activen los recuerdos. Una lectura psíquica no tiene tanta carga emocional como una sesión de regresión, que conmociona nuestros propios recuerdos, haciendo que fluyan a la conciencia imágenes y sentimientos propios. Como resultado no se produce el cambio terapéutico. Sin embargo, una sesión con un buen vidente puede ser una grata experiencia y proporcionar algunas claves de nuestro pasado que nos hagan reflexionar.

Beatrice Rich, una vidente muy conocida que trabaja en Nueva York y Miami, me habló de un cliente que no deseaba sólo la habitual lectura. Este hombre, un ejecutivo de empresa, quería también una lectura de vidas anteriores. Beatrice, que trabaja con psicometría, que es el arte de recibir impresiones psíquicas teniendo en las manos un objeto del cliente, vio cambiar el cuerpo de este hombre. Sus brazos se volvieron más oscuros, mucho más gruesos y musculosos. Vio que él era un soldado y hábil arquero. Sin que ella lo supiera, el hombre, afincado en la ciudad de Nueva York, tenía una pasión que superaba a todo lo demás: la arquería. ¿Acaso ella había captado psíquicamente su interés? ¿Le estaba leyendo la mente y elaborando un escenario? ¿O realmente veía una escena de una vida anterior, que también afectaba el presente de ese hombre?

Mientras Beatrice leía a otra cliente, vio enturbiarse el cuarto y la mujer se transformó en una dama turca, que siglos antes vendía brazaletes y baratijas en una feria. Después la cliente se quitó la chaqueta y se arremangó la manga y le mostró el brazo cubierto de brazaletes. Ambas se echaron a reír. La visión de Beatrice ¿era sólo una impresión psíquica del guardarropa de su cliente? ¿O era una escena real de una vida anterior? La misma Beatrice no está segura.

En otra ocasión veía, una y otra vez, cómo una mujer pasaba de ser un viejo hawaiano a alguien de una antigua cultura de la Europa septentrional, para volver a su cuerpo actual y reanudar el ciclo. Esta cliente pasaba sus vacaciones en dos únicos sitios: Hawai y Escandinavia.

A otro cliente, estudiante universitario, Beatrice lo vio con otro cuerpo, viviendo en una cultura primitiva, miles de años atrás. Describió un antiguo artefacto, similar a una cuchara, con la que ese hombre podía arrojar objetos tales como dardos o toscas flechas. Describió largas hileras de chozas a la orilla de un río y las fieras tribus guerreras que vivían aguas arriba. El profesor de arqueología del estudiante aseguró que esa arma no había existido nunca, pero el cliente acabó por hallarla en una ilustración de un texto. Beatrice no había visto nunca esa arma antes de la visión.

Otro método para activar el recuerdo de vidas pasadas es el trabajo físico. Algunos recuerdos parecen vincularse a algunas zonas del cuerpo, en una especie de memoria celular. Muchas personas sometidas a masaje de acupresión, kinesiología, reflexología y otros métodos que estimulan zonas clave del cuerpo experimentan visiones fugaces de vidas pasadas. Por ejemplo: la persona que en una vida anterior recibió un lanzazo en la parte baja de la espalda puede experimentar este hecho traumático durante un vigoroso masaje en ese sitio de su cuerpo actual. A veces el sitio activador está en otro lugar, con frecuencia en los pies y la parte inferior de las piernas.

La experiencia que tuve durante un masaje de acupresión, descrita en un capítulo anterior, es un buen ejemplo de este fenómeno. Durante una sesión, mientras el terapeuta trabajaba con mis pies, había llegado a un profundo estado de relajación. De pronto comencé a tener un recuerdo vívido y detallado de haber sido sacerdote en el antiguo Próximo Oriente.

Si usted tiene un recuerdo semejante o siquiera un fragmento de recuerdo, anótelo en su diario. Más adelante quizá descubra que es parte de un patrón de vida más amplio o que puede elaborarlo más con las técnicas aquí descritas.

Un punto final, pero importante: no se sorprenda si estas técnicas o el ejercicio de regresión del capítulo siguiente lo lleva a un lugar que no es una vida anterior. Cuando efectúo una regresión en mis pacientes no sé a dónde nos llevará su sabiduría elevada. Con frecuencia el destino es una vida pasada o una serie de existencias anteriores. Pero a veces el destino es la niñez, un jardín curativo o el sitio místico, lleno de luz, que parece existir entre dos vidas. En cualquier caso, será la sabiduría subconsciente de cada uno la que decida cuál es el mejor lugar. Con frecuencia, al guiar una regresión, siento que soy sólo el pasajero del viaje.

Al utilizar estas técnicas se pueden experimentar también lugares y experiencias nuevas, que tal vez no hayan sido descritas en este libro. Permítase usted la posibilidad de sorprenderse con una experiencia inesperada. Con frecuencia éstas son las que inducen el mayor desarrollo.

En vez de experimentar una vida pasada, tal vez vaya usted a un lugar en el que pueda leer los registros místicos, como Beth en el capítulo nueve. Quizás encuentre en un jardín a un ser amado, quien le dará un consejo en una sola frase, como el padre de Betsy en el capítulo cinco. Hasta es posible que experimente otras realidades, otras dimensiones, más allá de los tradicionales puntos de referencia del tiempo y el espacio.

Deje usted que su desarrollo evolucione de un modo intuitivo, no lineal, si ése es el patrón que adopta. Mientras mantenga una actitud lúdica con respecto a sus experiencias, sin tratar de juzgarlas, siempre continuará creciendo.

Recuerde que si surge algo realmente preocupante, puede resolverlo recurriendo a un terapeuta. Sin embargo, generalmente se recuerdan experiencias de la niñez, de una vida pasada o de otros lugares sin molestias ni nerviosismo significativos. He inducido regresiones en muchos grupos numerosos sin tener ningún problema. Uno nunca queda «anclado» en el sitio al que va. Siempre se tiene la opción de abrir los ojos o flotar por encima de su experiencia. La elección es suya. El subconsciente conserva el control y no permitirá que le ocurra nada que no pueda controlar.

Finalmente, estas técnicas para recordar vidas pasadas o, por lo menos, para cobrar conciencia de algunas claves e hitos del camino, no son por supuesto las únicas. Se han hecho estudios sobre recuerdos de vidas pasadas durante la estimulación eléctrica de ciertas zonas del cerebro, de recuerdos recuperados mediante la influencia de drogas o de estados mentales alterados, del coma, de experiencias de cuasi-muerte y viajes fuera del cuerpo y de muchas otras formas. Esta exploración es excitante. Conmociona descubrir hasta qué punto somos mucho más grandes que nuestra confinada personalidad actual. El verdadero ser, el ser inmortal, es el que pasa de un cuerpo a otro, de una vida a otra. ¡Qué estimulante es encontrarse consigo mismo!

Apéndice

Cómo preparar su propio ejercicio de relajación y regresión

Lo siguiente es una versión escrita de la grabación que suministro a mis pacientes y a los participantes de mis talleres para que continúen el proceso de regresión en su casa.

Algunos de los pacientes cuyos casos aparecen en este libro han utilizado este ejercicio con resultados excelentes.

Se puede utilizar esta grabación para experimentar una regresión o para relajarse, lograr serenidad y ponerse en contacto con la sabiduría personal.

Una vez más, no olvide que usted puede tener de inmediato una experiencia de regresión muy vívida y completa, experimentar un patrón de flujo de momentos clave o comenzar con meros fragmentos o imágenes de una vida anterior o de experiencias entre dos vidas.

Tal vez se encuentre en un jardín, un templo o en otro sitio curativo o espiritual: quizá sienta solamente relajación y bienestar. Deje que cada experiencia sea la que le conviene en ese momento. Déjese sorprender por lo inesperado, si ocurre. Y recuerde que cuanto más practique este proceso, más fácil será y más recompensas podrá obtener.

El método de la grabación no da resultado a todo el mundo por igual. Algunos necesitan escucharla varias veces para experimentar sus beneficios. La incapacidad de responder a la grabación no significa que no se pueda tener una regresión. Puede significar que quien no responde necesite la atención y las instrucciones individuales de un terapeuta.

El texto se ofrece sólo como guía, como ejemplo. Grábelo y utilícelo sólo si usted se siente a gusto con la idea de recobrar recuerdos de su pasado, pues algunos recuerdos pueden perturbarlo.

Si le preocupan los efectos de un recuerdo traumático, no lo grabe. Quizá le convenga limitarse a la parte destinada a la relajación, que es también por sí misma muy valiosa.

Como he analizado previamente, los riesgos de sufrir una reacción perturbadora son mínimos. En general, la gente maneja e integra los recuerdos sin dificultades y se siente mucho mejor. Pero la técnica de la grabación es potente.

Si graba la cinta y la utiliza solo, existe el riesgo aunque leve de que se presente un efecto adverso, como sensación de ansiedad o culpa. Si eso ocurre, consulte a un terapeuta para resolver cualquier problema que pueda haberse presentado.

Al hacer la grabación, lea el texto con voz serena y lenta, haciendo una leve pausa cuando llegue a los puntos suspensivos (...) y un silencio más largo cuando la pausa esté indicada entre paréntesis. (Nota: lea las instrucciones entre paréntesis mentalmente, no en voz alta.)

Antes de grabar, le conviene practicar varias veces la lectura del texto, hasta hallar un ritmo que le resulte cómodo y le dé tiempo suficiente para responder a las instrucciones.

No apresure el proceso de grabación. No hay un tiempo adecuado o incorrecto para este ejercicio.* Escuche la grabación en un sitio silencioso y privado, donde pueda relajarse y cuando esté seguro de que nadie va a molestarlo.

---

* El texto en inglés es el mismo para ambos sexos. En castellano se deberían hacer los cambios de género cuando sea una mujer la que utilice la grabación. (N. de la T.)

No escuche la grabación
mientras conduce

Antes de empezar a escuchar la grabación, acuéstese en una cama o siéntese en un sillón cómodo; si la ropa le aprieta, aflójesela. Asegúrese de que no haya distracciones ni interrupciones. Quítese los zapatos, las gafas o los lentes de contacto. Relájese por completo. No cruce las piernas. Si la música lo tranquiliza, puede poner un fondo musical suave. Como alternativa, puede hacer que un amigo le lea el texto en vez de utilizar la grabación.

Texto del ejercicio de relajación
y regresión

Cierra suavemente los ojos.

Ahora concéntrate en tu respiración, que debe ser profunda y regular, de abajo hacia arriba.

Aspira cinco veces, profundamente, relajándote, inspirando por la nariz y exhalando por la boca... Relájate. (Larga pausa para las cinco aspiraciones.)

Ahora, con cada exhalación, expulsa los dolores y la tensión acumulados en el cuerpo.

Con cada inhalación, aspira la apacible energía que te rodea. Relájate aún más.

Ahora visualiza, imagina o siente que todos tus músculos se relajan por completo.

Relaja los músculos de la frente y la cara...

Y la mandíbula...

Relaja los músculos del cuerpo y los hombros. Allí hay acumulada mucha tensión.

Relaja los brazos...

Relaja las piernas....

Relaja los músculos de la espalda...

Y deja que los músculos de tu vientre se relajen por completo, para que tu respiración siga siendo agradable, profunda, regular.

Con cada suave inspiración, relájate más y más.

Visualiza, imagina o siente una luz intensa en lo alto de tu cabeza, dentro de tu cabeza. Deja que tu mente elija el color de esa luz. (Pausa.)

Todo lo que esa hermosa luz toque, cuando se vaya esparciendo por tu cuerpo, todos los tejidos, los órganos y los músculos, cada fibra, cada célula de tu cuerpo, se relajará completamente, liberándose de todos los dolores y de todas las molestias, de toda enfermedad.

Y la luz acentuará más y más tu relajación.

Ya te sientes profundamente apacible y tranquilo.

Ahora ve, siente o imagina que la luz se esparce desde lo alto de tu cabeza... hacia abajo, por la frente... por detrás de los ojos... relajándote aún más.

Ves, sientes o imaginas que la luz se extiende por tu mandíbula... por el cuero cabelludo hacia abajo... acentuando tu relajación.

Ahora la luz corre por tu cuello, relajando completamente los músculos del cuello y la garganta, suavizando el interior de la garganta.

Y te relajas aun más. (Pausa.)

Visualiza, imagina o siente la luz, que relaja y cura todos los músculos, todos los nervios, todas las células de tu cuerpo, extendiéndose por los hombros... Y por los dos brazos hacia abajo, hasta llegar a las manos y los dedos. (Pausa.)

Ves, sientes o imaginas que la luz fluye por la parte superior de la espalda... y el pecho... y entra en el corazón, que bombea esa luz por todas las arterias y las venas del cuerpo...

A los pulmones, que refulgen bellamente...

Los músculos de la parte superior de la espalda están completamente relajados.

Y ahora la luz se extiende por la columna vertebral, desde el cerebro hasta la punta de la columna, fluyendo por todo el sistema nervioso hasta llegar a todos los músculos y todas las células del cuerpo.

Y estás profundamente sereno y relajado.

Sientes una profunda tranquilidad, una maravillosa sensación de paz. (Pausa.)

Ves, sientes o imaginas que la luz se extiende por el abdomen... y por la parte inferior de la espalda, relajando por completo esos músculos y esos nervios...

Y ahora la ves deslizarse por las caderas...

Por las piernas, hasta llegar a la punta de los pies, hasta que todo el cuerpo queda cubierto... bañado... de esa luz intensa y maravillosa.

Y te sientes muy, muy sereno.

Ahora visualiza, imagina o siente que la luz rodea completamente tu cuerpo, como si estuvieras en un nido o un halo de luz. Eso te protege, te relaja la piel y los músculos exteriores...

Y te sientes aún más sereno y relajado.

Dentro de un momento voy a contar hacia atrás, de cinco a uno. Con cada número te sentirás más y más sereno y apacible y tu relajación será más y más profunda. Cuando llegue a uno te encontrarás en un estado muy profundo, tu mente se habrá liberado de los límites normales del espacio y el tiempo.

Puedes recordarlo todo.

Cinco...

Cuatro, te sientes más y más sereno y relajado...

Tres, más profundo, más profundo...
Dos, estás llegando...
Uno...

Estás profundamente relajado, pero si sientes alguna molestia, ahora o más adelante, tienes todo el control.

Puedes ahora poner fin a la parte de relajación del ejercicio y no seguir con la regresión. Basta con que abras los ojos y regresarás inmediatamente a tu estado normal, con pleno control de todas tus funciones psicológicas y físicas, sintiéndote estupendamente, relajado y descansado.

Si quieres continuar, visualiza, imagina o siente que desciendes lentamente por una hermosa escalinata. (Pausa.)

Al pie hay una entrada con una luz intensa al otro lado. Te sientes completamente relajado y muy en paz.

Caminas hacia la entrada, sabiendo que tu mente ya no está limitada por el tiempo ni por el espacio. Puedes recordar absolutamente todo lo que te ha ocurrido.

Cuando cruces la entrada hacia la luz estarás en otro momento.

Deja que tu mente elija el momento, de esta vida o de cualquier otra.

Puedes regresar a un momento en el que surgió un síntoma tuyo, un sentimiento o una relación turbulenta, la primera causa. (Pausa larga.)

Emerges a la luz. Primero te miras los pies. Miras qué calzado usas: zapatos, sandalias, paño, o si estás descalzo...

Ahora subes la vista por el cuerpo...

Mira la ropa...

Mírate las manos...

Ves cómo eres...

Si es de día o de noche...

Si estás adentro o afuera.

Trata de saber la fecha. (Pausa.)

Mira a tu alrededor, observa la geografía, la arquitectura, las plantas y los árboles, si hay otras personas allí. Si hay otras personas, puedes hablarles y ellos pueden responder a tus preguntas.

Busca las respuestas a tus preguntas, a tus síntomas. (Larga pausa.)

Sigue explorando ese período.

Si hace falta, puedes retroceder o avanzar en el tiempo...

Si sientes alguna inquietud, basta con que flotes por encima de tu cuerpo, observando sin sentir ni participar activamente.

O si prefieres, abre los ojos y pon fin al ejercicio.

Explora todos los acontecimientos importantes. Tu mayor perspectiva te permite comprender por qué ocurrieron y qué significan en realidad.

Ahora puedes comprender. (Larga pausa.)

Mira si alguna persona de esa vida está contigo en tu vida actual. (Larga pausa.)

Si quieres, ve al final de esa vida y experimenta tu muerte. (Larga pausa.)

Flota por encima del cuerpo y repasa tu vida. ¿Qué lecciones tuviste que aprender? (Larga pausa.)

Ya es hora de regresar.

Dentro de un momento voy a contar de uno a cinco. Cuando llegue a cinco, abre los ojos y estarás plenamente despierto, alerta y descansado. Te sentirás muy bien. Tendrás pleno dominio de todas tus funciones físicas y psicológicas. Lo recordarás todo. Cada vez que hagas este ejercicio te relajarás más y más profundamente.

Uno:	*Todos los músculos, todos los nervios del cuerpo, completamente relajados.*
Dos:	*Despiertas poco a poco, te sientes muy bien.*
Tres:	*Más y más despierto y alerta.*
Cuatro:	*Casi despierto, te sientes estupendamente.*
Cinco:	*Abres los ojos, completamente despierto y alerta, sintiéndote muy bien.*

Índice